KW-361-593

El gran libro de la moderna
correspondencia comercial y privada

R. M. Mata

El gran libro de la moderna correspondencia comercial y privada

Editorial De Vecchi, S. A. - Barcelona

© Editorial De Vecchi, S. A. 1988

El Código Penal vigente sanciona a «... quien intencionadamente reprodujere, plagiare, distribuyere o comunicare públicamente, en todo o en parte, una obra literaria, artística o científica o su transformación o una interpretación o ejecución artística fijada en cualquier tipo de soporte o comunicada a través de cualquier medio, sin la autorización de los titulares de los correspondientes derechos de propiedad intelectual o de sus cesionarios. La misma pena se impondrá a quien intencionadamente importare, exportare o almacenare ejemplares de dichas obras o producciones sin la referida autorización.» (Artículo 534 bis. a).

Editorial De Vecchi, S. A.
Balmes, 247. 08006 BARCELONA
Depósito legal: B. 38.577-1988
ISBN: 84-315-3612-8
Impreso en España por
GERSA, Industria Gráfica
Tambor del Bruc, 6.
Sant Joan Despí (Barcelona)

Introducción

Escribir es fundamental para el hombre. Quizá sea la manera más completa de comunicarse con los demás, la que ofrece mayor número de posibilidades de expresar exactamente aquello que se desea. La palabra escrita puede pensarse, valorarse, corregirse, hasta encontrar la forma deseada.

Cuanto mayor es el nivel cultural de un país, más importancia se da a la lengua escrita. Los franceses, por ejemplo, acostumbran a redactar bien aunque no tengan estudios superiores.

La comunicación escrita abarca desde la exposición de un pensamiento filosófico a la redacción de una nota, aunque aquí nos limitemos a lo que comúnmente se llama «Correspondencia», tanto particular como comercial y oficial, y a todo lo que tenga relación con la misma.

No puedo, sin embargo, dejar de hablar, aunque sea de paso, de un tipo de cartas que no obedecen a ningún imperativo social ni comercial, sino únicamente al deseo de comunicarse con alguien, de exponer una idea y hacer partícipe de ella a los demás. A la necesidad de expresar un estado de ánimo, una alegría, una opinión a otra persona que sabrá comprenderla.

Esta clase de correspondencia —no sé si es muy adecuado llamarla así— se mantiene únicamente entre aquellos que sienten verdadera amistad, en cuyo caso, más importante que la precisión, es la sinceridad, la espontaneidad.

Sobre estas cartas no pueden dictarse normas ni escribir tratados de los que puedan valerse muchos hombres.

A pesar de la gran cantidad de medios de comunicación de que actualmente podemos valernos, el lenguaje escrito no ha perdido ni perderá su lugar preeminente. Además de ser la forma más culta de expresión, tiene la ventaja sobre casi todos los demás de permanecer, dejar constancia. Puede guardarse, archivarse, repasarse, y es, por añadidura, económico.

Nos permite también reflexionar a medida que escribimos, dominar y corregir sobre la marcha aquellos impulsos de los que luego pudiéramos arrepentirnos.

Cuando redactemos una carta debemos tener siempre presente que el receptor de la misma verá en ella nuestra imagen; que debemos cuidarla como si de nuestra presencia física se tratara.

Tan importante como escribir correctamente es hacerlo en la medida y forma adecuada. Conocer cuándo es oportuno comunicarse por medio de una carta, una nota, un saludo o una instancia. Cuando tratemos de cada tema en particular, hablaremos de su conveniencia y oportunidad.

Es condición fundamental en toda correspondencia la buena ortografía y el uso correcto de la sintaxis. Con frecuencia se olvidan los acentos ortográficos y se quita importancia a la oportuna colocación de los signos de puntuación. Recordemos que un acento omitido o mal colocado es una falta de ortografía, y que una coma fuera de lugar puede variar completamente el sentido de una frase.

Para aquellos a quienes pueda serles de utilidad, dedicaremos un apartado a normas de puntuación y a los acentos ortográficos. No creo que sea necesario incluir otras reglas, bastará tener en cuenta, ante la duda de cómo escribir correctamente una determinada palabra, que existen diccionarios de la lengua a los que debemos consultar. Nunca podemos correr el riesgo de cometer una falta.

Es también muy necesario cuidar la forma; la claridad, el orden, la pulcritud.

Cuando escribamos a mano, procuremos que la letra sea lo más clara posible, sin requerir, para su comprensión, el esfuerzo del lector. Resulta molesto no poder descifrar una palabra, y puede incluso llegar a impedir la captación del sentido de una frase o de un párrafo.

La claridad no está reñida con la personalidad. Una caligrafía con carácter habla en favor de quien escribe, pero prescindamos de letras abarrocadas, tan frecuentes especialmente en el trazo de las mayúsculas. No hay nada tan agradable como la simplicidad. En caso de no saber cómo corregir esa costumbre, ensáyese a escribir las mayúsculas con letra de imprenta.

Se aconseja:

El uso del papel blanco o muy claro. La letra destaca sobre él y facilita la lectura.

No escribir en papel pautado, a no ser en casos determinados como pueden ser los libros de contabilidad, para prevenir posibles errores o falsificaciones.

Evitar las tachaduras. Son signo de poca pulcritud. Hay medios para borrar perfectamente y, de no conseguirlo, es mejor cambiar de papel y comenzar de nuevo.

Diversas formas de comunicación

La carta

Es la forma más frecuente de comunicación escrita.
En cuanto a su contenido deberemos distinguir entre las privadas o de relación social, y las comerciales.
Su presentación también variará, pues las últimas irán siempre mecanografiadas y deberán atenerse a normas más estrictas.
No debemos echar nunca una carta al correo sin haberla leído una vez escrita, aunque se haya hecho borrador de la misma, pues existe siempre la posibilidad de haber omitido o equivocado alguna palabra o cometido involuntariamente alguna falta de ortografía.
Evitaremos los términos equívocos que pueden inducir a error al lector, o que no expresen exactamente nuestra idea.
La palabra escrita compromete, porque queda; puede incluso usarse como prueba contra quien la escribió. Por este motivo procuraremos evitar palabras y frases que puedan comprometernos o perjudicarnos en caso de ser leídos por terceros, pues no debemos olvidar que una carta puede estar al alcance de muchas personas, no sólo del destinatario.
Es aconsejable que no sean largas. Concretar y evitar repeticiones inútiles para no diluir el objeto de la carta. Nada más peligroso que aburrir al lector, corremos el riesgo de no ser leídos hasta el fin, o de que no se nos preste demasiada atención.
Recordemos de nuevo que no estamos hablando de cartas muy personales o narrativas, sino de aquellas que tienen objetivos concretos, que escribimos casi por necesidad, por deber y conveniencia social.
Las cartas privadas deberían escribirse a mano, aunque cada vez es más frecuente mecanografiarlas por la facilidad de lectura que representa.

En cualquier caso se firmará siempre a mano. Pueden añadirse algunas frases de despedida de puño y letra si la carta
ha sido mecanografiada.
Las partes esenciales de una carta son:

fecha
encabezamiento
introducción
cuerpo (o tema)
despedida
firma.

Como partes accesorias:

posdata
notas
dirección.

Estas últimas son poco frecuentes en la correspondencia
privada.
La dirección suele conocerse ya, o consta como en el sobre.

Fecha

Es siempre importante conocer la fecha en que una carta
ha sido escrita, aunque sea de un pariente o amigo. Si el papel no tiene membrete impreso, se escribirá primero el
nombre de la población desde donde se escribe. De estar
ya impreso, sólo se pondrá el día, el mes y el año.

Ejemplos: Madrid, 23 de enero de 1987; 23 de enero de 1987
(si en el membrete ya constaba Madrid).

Puede también abreviarse:

Madrid, 23/1/1987; aunque particularmente no me parece
muy bonito en una carta privada.

Existe una tercera variación, suprimir la partícula *de*:

Madrid, 23 enero 1987

El nombre de la población va siempre seguido de coma.
Se acostumbra a escribir en la parte superior derecha.

Encabezamiento

La fórmula de encabezamiento variará según la relación que exista entre el remitente y el destinatario.

Si se escribe a una persona con cierta categoría social o intelectual, a la cual se conoce poco, puede encabezarse con:

Distinguido señor:
Distinguida señora:

Cuando les une cierta relación, pero no la suficiente para el tuteo, y se trata también de alguien socialmente importante:

Distinguido amigo:

Cuando el grado de intimidad es mayor, suele escribirse:

Querido amigo o Querido X:

en caso de existir buena amistad.

Las cartas entre jefes y subordinados guardarán siempre un aire respetuoso, en relación con el trato que se acostumbra a mantener en la empresa. Así, por ejemplo, si se escribe al director de la firma generalmente se dirá:

Sr. Director o Distinguido señor: (si la relación es algo distanciada).

Cuando la destinataria de la carta es una mujer se seguirán las mismas normas. Si es joven y soltera se le dará el tratamiento de señorita. Si es casada o ha entrado ya en la madurez se le tratará de señora. A partir de cierta edad suena ridículo el tratamiento de señorita, aunque se trate de una mujer soltera.

A los familiares más íntimos se les llamará:

Querido...:
Queridísima...:
Mi querida...:

Los mismos ejemplos son válidos para personas muy amigas. Cuando las cartas se dirigen a altas personalidades del mundo político, religioso o militar, emplearemos los tratamientos correspondientes. Dedicaremos a ellos un capítulo aparte, que deberá tenerse también en cuenta a efectos de la correspondencia comercial y oficial.

Las cartas dirigidas a personas que ostentan títulos nobiliarios se encabezarán con:

Sr. Marqués:
Sr. Conde:

Si no estamos unidos por el vínculo del parentesco o de la amistad. De ser así, el encabezamiento será el mismo que para cualquier otro pariente o amigo.

Introducción

No es obligado hacer una introducción antes de abordar el tema central de la carta, pero sí es conveniente para evitar rigidez y conseguir un aire más agradable e íntimo.

Si deseamos pedir un favor a un amigo, preferirá que nos interesemos primero por sus asuntos y su familia a que vayamos directamente al tema que en realidad nos preocupa. Puede servir de introducción, en muchos casos, hablar de la última vez que estuvieron juntos, de lo agradable de aquella velada, de lo mucho que le complació le presentara a...

Lo mismo ocurre con las cartas familiares. Será más correcto dedicar unas líneas interesándose por sus cosas, hablar de lo mucho que se les echa de menos, y seguidamente entrar en el tema central.

Cuerpo o tema central

Es importante que quede destacado del resto de la carta, en un párrafo aparte; que quede claro el motivo que ha dado origen a la carta.

Despedida

En este apartado se expresarán buenos deseos para el receptor de la carta; se enviarán saludos o abrazos, o cualquier variedad de frase cortés de acuerdo con la estima y consideración que nos merezca el destinatario.

La despedida debe guardar relación con el encabezamiento.

No se enviará, pues, un abrazo a quien se ha tratado de distinguido señor. Se envían abrazos a familiares y amigos, reservando los besos para los familiares más íntimos.

Fórmulas de despedida:

Un fuerte abrazo
Besos y abrazos
Con todo mi cariño
Con todo mi afecto
Un cordial saludo
Cariñosos saludos
Afectuosos saludos
Un atento saludo
Un cordial saludo
Le saluda muy cordialmente
Un abrazo

Las fórmulas de despedida pueden ir precedidas de frases saludando a la familia, enviándoles recuerdos, respetos, etc.:

Le ruego salude en mi nombre a...
Recuerdos a tu esposo
Saludos a tu esposa y abrazos a los niños
Mis respetos a tu madre...
Afectuosos recuerdos a todos los tuyos...

Firma

Muchas personas tienen a gala firmar de una manera barroca y complicada, creyendo que es signo de personalidad. La personalidad la demuestra el rasgo, no lo ininteligible y recargado de una firma.
Las características grafológicas de la firma son estudiadas por muchos psicólogos para conocer los rasgos fundamentales de la personalidad de un individuo, lo que indica la importancia de la misma.
La firma debería entenderse, aunque no siempre se consiga. Se firmará con el nombre de pila cuando se escribe a un familiar o amigo.
En las cartas comerciales y profesionales se usará el nombre y el apellido.

La mujer casada firmará con su apellido, pudiendo añadir, si lo desea, el del marido. Pongamos un ejemplo:

> Carmen Santos
> Carmen Santos de Noguer

Lo mismo ocurre si es viuda:

> Carmen Santos
> Carmen Santos, Vda. de Noguer

Puesto que el Derecho español respeta el apellido de la mujer, esto es, que puede llevar siempre el apellido del padre y firmar legalmente con él, es absurdo adoptar las normas extranjeras firmando con el apellido del marido.

Posdata (P.D.)

La posdata se coloca al final del escrito, después de la firma, en el margen izquierdo.
Tiene por objeto hacer constar algo importante que se había olvidado mencionar en el texto de la carta, o aclarar algún punto que hubiese quedado oscuro.
N.B. (*nota bene*). Tiene por finalidad hacer hincapié en la importancia de algo que figura en el texto de la carta.

Dirección

La Dirección está formada por el nombre de la persona o de la firma a la que se dirige la carta, seguida del domicilio, la población y el distrito postal donde lo hubiere.
Se escribe en el margen izquierdo, en un renglón el nombre, debajo la dirección y por último la población.
Debe figurar antes del encabezamiento.
Hablamos de la dirección al final, como una de las partes accesorias de la carta, ya que estamos tratando de correspondencia privada o de relación social, en la mayor parte de cuyos casos no figurará más que en el sobre.

La dirección en los sobres

Se dejará un margen en la parte superior de la mitad de la altura del sobre y de un tercio de su anchura en el margen izquierdo. El nombre de la persona a quien se dirige irá precedido de Sr. D., cuando se hace constar el nombre de pila.

Don siempre va acompañado del nombre de pila, nunca precede a un apellido.

Si tiene derecho a un tratamiento honorífico, éste se escribirá delante de Sr. D.:

Ilmo. Sr. D. Julián Ramos

Las mismas normas se aplican a las mujeres, usando Sra. o Srta., según el caso.

Cuando la persona a quien se escribe ostenta algún título o cargo importante que sea conveniente destacar, éste figurará debajo del nombre:

Sr. D. Anselmo González
Director Gerente de...

Debajo del nombre, o del cargo si lo hubiera, se escribe la dirección propiamente dicha: calle, número, piso y puerta según los casos. El nombre de la calle va seguido de una coma. No es necesario escribir la palabra número, ni siquiera abreviada:

Sr. D...
Avda. Carvajal, 22, bajos

El número de la calle se separará del número del piso mediante un espacio mayor, una coma o un guión. Asimismo el guión separará el número del piso y la puerta:

Sr. D...
Calasanz, 34, 2.º-1.ª

Lo último que se escribe es la localidad, no olvidando el distrito postal de haberlos en la población. Irá precedido de un guión:

Sr. D. Julián Marcos
San Gregorio, 187, 2.º-2.ª
28004 M A D R I D

De no ser la localidad capital de provincia, ésta se escribirá al lado, entre paréntesis. No es necesario escribir «provincia».

14

Sr. D. Andrés Gómez
Mayor, 23
Villanueva del Rey (Córdoba)

El nombre de la población se destacará escribiéndolo en mayúsculas o subrayándolo. Pueden hacerse ambas cosas a la vez. Si es muy corto, queda bien dejar un espacio entre cada letra:

Sra. D.ª Magdalena Tondón
Sta. Gertrudis, 7
LEON

Cuando la carta se envía al extranjero, el nombre del país de destino figurará en la parte superior izquierda del sobre, en español. La población puede escribirse en el idioma original para facilitar su distribución en el país de destino.
Debemos tener en cuenta que en la mayor parte de países extranjeros el número de la calle se coloca antes del nombre de la misma, y que es conveniente que sigamos las normas del lugar al que nos dirigimos:

INGLATERRA
Mr. Henry Williams
8, Fanshawe Rd.
CAMBRIDGE

En Alemania, por ejemplo, se escribe primero la población que la calle

ALEMANIA
Peter Knapp
Heidelberg 69
5, Mozartstrasse

Los sellos se colocarán en el ángulo superior derecho.

Remite

Se recomienda escribir siempre el remite en la cara posterior del sobre. Se seguirá el mismo orden que en la dirección, pero no es necesario que se escriba en distintas líneas. El nombre no irá precedido de tratamiento alguno:

15

Juan González
Salvador, 25
46003 Valencia

o bien:

Juan González. Salvador, 25. 46003 VALENCIA

La respuesta

Toda carta debe ser, en principio, contestada. Es de mala educación dejar una carta sin respuesta, o contestarla con excesivo retraso. No sólo se defrauda al remitente, sino que una respuesta tardía puede carecer de interés por haberse modificado las circunstancias que motivaron la primera.

Es también probable que se olviden los puntos a que era necesario hacer referencia, de haberse extraviado la carta a causa del tiempo transcurrido desde su recepción.

Cuando en el párrafo anterior se decía que, en principio, toda carta debe ser contestada, quería significar que, en algunos casos, como el de cartas impertinentes u ofensivas, procedentes de personas con las que es necesario conservar las buenas relaciones, puede ser conveniente guardar silencio, ignorarlas y dejar que el tiempo apacigüe las cosas. En general, aun estas cartas deberán contestarse con sumo tacto y delicadeza, poniendo los puntos sobre las íes si los ataques o incorrecciones de que hemos sido objeto son falsos o imprecisos.

Para terminar este apartado aconsejaremos abstenerse en lo posible de frases hechas, tales como:

— Deseamos estéis bien de salud, como nosotros a Dios gracias...
— Al recibo de la presente deseo os encontréis bien de salud; la mía es buena, gracias a Dios...

El sentido es bueno, pero hay que darle una forma más personal, menos estereotipada de decirlo.

Sobre la costumbre de enviar sellos para la respuesta

Se considera del todo improcedente en la correspondencia privada, a no ser en casos especialísimos, como por ejemplo

16

a hijos que están en el colegio, o a personas que estén en una clínica.

Cuando se hace por la mala situación económica de quien ha de responder, es más provechoso ayudarle de otra forma.

Tarjetas y tarjetones

Paulatinamente irán desapareciendo las clásicas tarjetas de visita de pequeñas proporciones, y adaptándose a los tamaños normalizados establecidos por la Administración de Correos.

Resulta poco elegante enviar una tarjeta pequeña en un sobre de proporciones bastante mayores.

Seguirán usándose para entregarse a mano, acompañar documentos y obsequios, etc., aunque es lógico que, por comodidad, se tienda a la unificación de tamaños y el modelo más frecuente pase a ser el que guarde proporción con el sobre de 90×140 mm.

El papel más adecuado para tarjetas y tarjetones es la cartulina y el papel couché.

Las tarjetas y tarjetones comerciales llevarán impresos el nombre y la dirección, así como el anagrama reducido proporcionalmente.

Las profesionales llevarán el nombre, el cargo o profesión, y el domicilio profesional (calle, teléfono, localidad, etc.). En los casos pertinentes, el horario de visita o de consulta.

Los particulares tendrán dos tipos de tarjetas, las llamadas de visita, en las que figurará únicamente el nombre, y las que llevan también impresa la dirección y el teléfono.

Los matrimonios suelen tener tarjetas en común, aparte de las individuales.

El nombre de la esposa figurará con sus apellidos de soltera, o bien sólo con el primero seguido del del marido, precedido de la partícula *de*. Ejemplo:

Antonio Reberter Pascual
Carmen Hinojosa Feliu

o bien:

Antonio Reberter Pascual
Carmen Hinojosa de Reberter.

Los modelos de tarjetas pueden ser múltiples. Aquí nos referiremos a cómo deben ser escritas, según pretendemos que el nombre impreso sirva de firma o encabece el escrito.

Los mismos ejemplos y recomendaciones son propias para los tarjetones.

El tamaño que usamos para los ejemplos corresponde a la tarjeta apropiada para el tamaño pequeño de sobres normalizados.

La cursiva corresponde a la letra impresa

Jorge López Feliu
abogado

Le ruega tenga a bien pasar por su despacho a las 5 de la tarde de mañana viernes, para ul-

Mayor, 24, tel. 146052   *Tarragona*

---

timar los detalles correspondientes al asunto..., y le ruega perdone la molestia que ello le pueda ocasionar.

fecha

fecha

Sr. D..

Le agradecería se sirviera pasar por mi despacho el próximo viernes, a las 5 de la tarde, para
ultimar los detalles correspondientes al asunto..., y le ruego disculpe las molestias que ello

le pueda ocasionar.
Atentamente,

Jorge López Feliu
abogado

Mayor, 24   *t.º 146052*   *Tarragona*

Volantes y memorándums

Los volantes y memorándums hacen la función de una carta corta. Sirven para escribir una nota, dar un recado, etc. No tienen la importancia de la carta. Actualmente se usan poco, son sustituidos por cartas o tarjetones si se envían fuera de la empresa y por las notas interiores si circulan en el interior de la misma. Aquí los mencionamos para que el lector sepa de su existencia y función, más que para inducirlo al empleo de los mismos.

El volante acostumbra a tener forma rectangular, con una altura más o menos tres veces mayor a su ancho, y los memorándums forma de cuartilla. Ambos llevan el membrete en la parte superior.

No creemos que sea necesario dar ningún ejemplo de redactado, ya que deben seguirse exactamente las mismas normas que para las cartas o los tarjetones, pero con un aire menos formal.

Comunicaciones urgentes

Telegramas

Es uno de los medios más rápidos de comunicación escrita. Si se conoce el número de teléfono del destinatario, y se hace constar en el impreso a rellenar, el texto se transmite inmediatamente por teléfono y luego se envía el escrito.

Si se manda con carácter de *urgente*, recibe una especial atención en la rapidez del reparto.

En los telegramas no se acostumbra a usar signos de puntuación. La palabra *stop* sustituye al punto cuando debe separarse alguna frase para no inducir a confusión.

La tarifa del telegrama se calcula por número de palabras, por lo que se procurará prescindir de todas aquellas que no sean completamente necesarias para la correcta comprensión del mensaje.

Cuando no se tiene costumbre de redactar telegramas es aconsejable primero escribir el texto íntegro, e ir suprimiendo las palabras no fundamentales.

Las empresas y entidades que se sirven frecuentemente del telegrama para sus comunicaciones comerciales utilizan códigos o claves que sustituyen frases enteras, ahorrando al cabo del año una considerable cantidad de dinero.

Los telegramas de contenido financiero y comercial suelen ir seguidos de una carta confirmando el mismo.

Con frecuencia nos encontramos confusos antes de rellenar cualquier impreso. Daremos aquí un ejemplo de la parte del telegrama a rellenar por el expedidor. Recuérdese que es conveniente escribirlo con letras de imprenta (de palo).

Destinatario ········ (nombre y apellidos de la persona a quien se dirige)

Señas ···················· (dirección de la persona o entidad a quien se dirige)

Teléfono ·············· (el de la persona, si lo tuviera)

Télex ················· (el de la persona, si lo tuviera)

Destino ·············· (localidad a la que se dirige)

Texto ················ (se redacta el texto con el mínimo de palabras posibles)

Señas del expedidor

Nombre ·············· (del que envía el telegrama)

Domicilic ············ (del que envía el telegrama)

Tel. ················· (del que envía el telegrama)

El resto del impreso deben rellenarlo en la oficina de telégrafos.

Las mismas normas pueden darse para cablegramas, radiogramas, etc.

Cablegrama. Se envían por cables sumergidos en el mar o en ríos, etc., en combinación con el telégrafo. Son más caros que el telegrama, y en ellos hay que indicar la vía o cable que debe seguir, por ejemplo:

Vía Cable Nápoles.

Radiogramas. Se cursan por telegrafía sin hilos.

Ejemplo de texto. Aprobado llegaré sábado 11 horas Talgo. Abrazos. Juan.

El texto completo sería: He aprobado. Llegaré mañana, sábado, en el tren Talgo, a las 11 de la mañana. Abrazos de Juan.

Sobre el papel, los sobres y los envíos por correo

El papel

El papel, para todo tipo de correspondencia, ha de ser blanco o de tonos muy suaves.

Hasta hace poco tiempo, las mujeres acostumbraban a usar papel de colores y estampados; amén de cuando se perfumaban las cartas. Hoy en día ha caído completamente en desuso. La feminidad se demuestra en la forma de escribir, en la letra, en el contenido, no en el color del papel.

Las medidas más usadas para el papel de carta son las siguientes:

Holandesa .... 21,5 × 27,5 cm.
DIN A4 .... 210 × 297 mm.
Cuartilla .... 15 × 22 cm.

Para escritos en general, los anteriormente citados y:

Folio .... 22 × 32 cm.
Folio prolongado ...... 23 × 35 cm. o 23,5 × 35 cm.
DIN A5 .... 148 × 210 mm.

Tipos de papel más corrientes:
papel registro
papel avión
papel tela
papel pergamino
papel de barba.
Para tarjetas y tarjetones:
cartulina
couché.
Para sobres:
lito: alisado o satinado
tela
pergamino.

Los sobres

Hablaremos de los sobres, tanto privados como comerciales, pues deben atenerse a las mismas normas en cuanto a su tamaño y color.

La Dirección General de Correos ha establecido unos tamaños mínimos y máximos a los que deben ajustarse los sobres. De ser más pequeños no son admitidos en las Oficinas de Correos, y si son mayores pagarán doble franqueo. Estas medidas son las siguientes:

$$90 \times 140 \text{ mm.}$$
$$120 \times 235 \text{ mm.}$$

El color debe ser blanco o muy pálido.

El tipo de papel más usado en la confección de sobres es el lito, alisado o satinado. Los hay también en tela, pergamino...

El sobre ventanilla es muy adecuado para el uso comercial; ahorra tiempo al no tener que escribirse en él la dirección. Los sobres comerciales y profesionales llevan impreso el nombre y la dirección, y a veces el anagrama.

Los particulares no acostumbran a llevar el remite impreso. En los comerciales la dirección y el nombre puede ir en la parte anterior o en la posterior. En la anterior es más visible a efectos publicitarios.

El sobre se escribirá dejando un margen en la parte superior de la mitad de su altura y de un tercio de su ancho en el lado izquierdo. Se entenderá que hablamos de sobres sin impresión alguna en la cara anterior.

Cuando el sobre es muy grande se escribirá a doble espacio. Para información complementaria véase, en el capítulo titulado *La carta*, el apartado dedicado a *Dirección*.

Ejemplos:

Sr. D. Benjamín Aguilar
Pje. San Luis, 123
FUENTERRABIA (Guipúzcoa)

Sr. D. Salvador Colomer
Avda. de América, 188, bajos
J A E N

Srta. Teresa Grau
San Fermín, 17
28041 M A D R I D

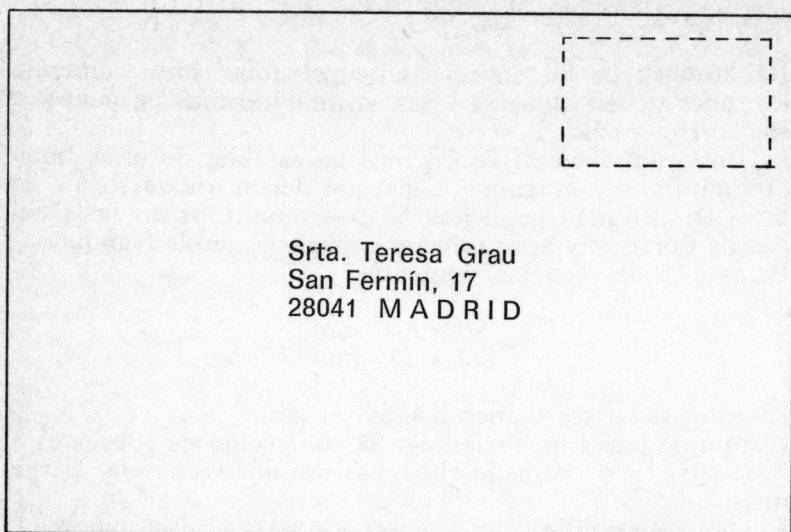

La colocación variará ligeramente según el tamaño del sobre,
pero hay que procurar que guarde la misma armonía.

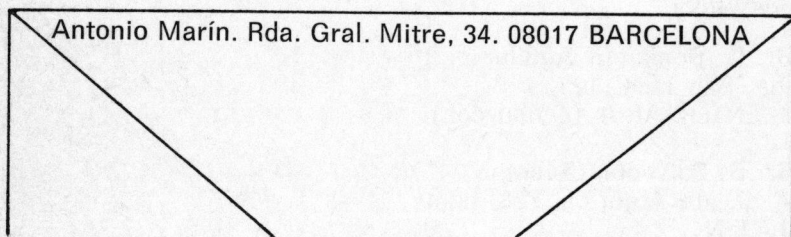

Antonio Marín
Rda. Gral. Mitre, 34
08017 BARCELONA

Antonio Marín. Rda. Gral. Mitre, 34. 08017 BARCELONA

Formas de efectuar envíos por correo

Correo ordinario

Las tarjetas, cartas, etc., no necesitan otro requisito que el adaptarse a los tamaños normalizados establecidos por la Dirección General de Correos. Los menores no se aceptan, y los mayores pagan doble franqueo. Los sobres deben ser de color muy claro, y preferiblemente blanco.

El franqueo será el ordinario si no sobrepasa del peso establecido, en cuyo caso se ajustará al incremento proporcional de la tarifa. Entre los países europeos el correo suele ir todo por avión, por lo que no hará falta hacerlo constar en el sobre, pero sí deberá hacerse cuando se dirige a otro continente. La tarifa variará sensiblemente.

Certificados

Los certificados garantizan la llegada del escrito, ya que Correos extiende un resguardo, responsabilizándose del mismo.

Pagarán, además del sello ordinario, otro especial para certificados.

Acostumbran a lacrarse, especialmente los que se dirigen al extranjero.

Valores declarados

Por este sistema suelen enviarse documentos, dinero en billetes, pequeños objetos de valor dentro de cajitas de cartón, etc. Van cosidos y lacrados.

En la cara anterior del sobre, y en su parte superior, llevará escrito «Valores Declarados... ptas. (... pesetas).» La cantidad correspondiente irá primero en números y luego en letras.

El franqueo será el correspondiente al Correo ordinario, más el certificado, más una tasa en proporción al valor declarado.

La Oficina de Correos extenderá un resguardo y, en caso de extravío, el remitente cobrará, en metálico, la cantidad «declarada».

Correo urgente

Tanto los certificados, como las cartas simples o los valores declarados pueden enviarse como *urgentes*, pagando un franqueo extra. Se excluyen los impresos y las tarjetas postales.

Impresos

Son múltiples las cosas que pueden enviarse por este sistema, siempre más económico que el correo ordinario, pero nunca se admiten cartas, papeles o documentos escritos a mano o a máquina. Deben ser impresos, sobre papel o cartón, con cualquier procedimiento tipográfico, como el grabado, la litografía, etc.

Únicamente se admiten escritos a máquina si se trata de circulares o anuncios, cuando se envían en número superior a 10.

En el sobre debe constar la palabra *impreso*.

Pueden enviarse dentro de sobres, envueltos y atados con un cordel, pero siempre de forma tal que los empleados competentes de Correos puedan abrirlos y averiguar su contenido, en caso de considerarlo necesario.

Acostumbran a enviarse como impresos los periódicos, revistas, libros, mapas, planos, dibujos, catálogos, anuncios, etcétera.

Muestras sin valor

Como la palabra indica no pueden tener valor de venta ninguno, ni incluir nada manuscrito, excepto, claro está, la dirección del destinatario y otros datos relacionados con el peso, precio, cantidad, etc.

Según el tipo de muestra de que se trate, irá contenido en cajas, sobres, bolsas…, que sean fáciles de abrir y comprobar su contenido.

Las muestras sin valor, si se desea, pueden certificarse.

Libros

Circulan como impresos; en caso de extravío no tienen derecho a indemnización.

Acuse de recibo

El contenido de una carta o documento puede ser tan importante que no sea suficiente la seguridad que nos da el certificado, sino que queramos además asegurarnos que la recibe directamente el interesado, o quien tenga poderes para ello. En este caso, al certificar el escrito, se pedirá acuse de recibo, lo que significa que el destinatario firmará conforme la ha recibido no sólo en el libro de certificados, sino también un volante que será entregado al remitente, a su petición en las Oficinas de Correos.

Giro postal

Quizá sea la forma más usada de enviar dinero por medio de la Administración de Correos. El remitente recibe un resguardo del envío en el momento de efectuarlo.

Giro telegráfico

Deben efectuarse en las oficinas de telégrafos; tienen la misma finalidad que los giros postales, pero son más rápidos.

Reembolsos

El destinatario, en estos casos, tendrá que abonar la cantidad que se indique en el sobre o paquete, en lugar bien visible.

Con frecuencia se envían contra reembolso documentos, certificados de penales y otros varios. El sistema es ágil, y el remitente tiene la seguridad de cobrar, ya que de no ser así no sería entregado el envío al destinatario.

Lista de Correo (Poste Restante)

Todas las poblaciones tienen, en su Central de Correos, Lista. Es un sistema muy práctico, especialmente para aquellos que viajan y no saben dónde van a alojarse.

En el sobre se escribirá el nombre y apellidos del destinatario, debajo del cual se hará constar, simplemente, «Lista de Correos», y el nombre de la población de destino.

Cuando se escribe al extranjero es conveniente usar la fórmula internacional «Poste Restante».

Algunas normas de interés

Reglas ortográficas

1. *Empleo de la mayúscula*
   a) Al comenzar un escrito.
   b) Después de punto.
   c) Después de los dos puntos, cuando se reproduce alguna frase dicha o escrita por otra persona.
   Ejemplo:
   > Se paró y me dijo: No quiero acompañarte.
   d) Después de los dos puntos del encabezamiento de una carta.
   > Querida madre: Me alegro...
   e) Después de los signos de interrogación o exclamación, cuando van seguidos de una oración distinta.
   > ¿Me acompañas al cine? Encantada.
   > ¡Déjame! No quiero.
   f) Todos los nombres propios.
   g) Las abreviaciones de los tratamientos.

2. *Separación de las sílabas entre vocales y consonantes*
   a) Si hay una sola consonante entre dos vocales se agrupa con la segunda vocal:
   > miro, mi-ro
   > casa, ca-sa
   b) Cuando en una palabra hay uno o varios grupos de tres consonantes, las dos primeras van con la vocal anterior, y la otra con la siguiente:
   > perspicacia, pers-pi-ca-cia
   > perspectiva, pers-pec-ti-va
   c) Cuando en grupos de tres consonantes las dos últimas son pr, bl, fl, etc., la primera va unida a la vocal anterior, y las dos últimas a la posterior.

d) En grupos de dos consonantes se distinguirá también si son pl, br, fl, etc. En estos casos estas letras forman sílaba con la segunda vocal:
> problema, pro-ble-ma

e) Si son grupos distintos a los anteriormente citados, la primera se unirá a la vocal anterior y la segunda a la posterior.

f) No se dejará sola una vocal, primera o última de una palabra, en una línea.
> Ameno, ame-no
> *Nunca:* a-meno

g) Las consonantes compuestas por dos, como son la ll, la ch y la rr, no deben partirse nunca:
> cuello, cue-llo
> tacho, ta-cho
> carro, ca-rro

3. *Acentos ortográficos*

Agudas. Se acentúan las terminadas en vocal, o en las consonantes *n* y *s*:
> José, jamás, jarrón, miró

Llanas. Se acentúan las terminadas en consonante que no sea *n* o *s*:
> carácter, ágil, hábil

Esdrújulas. Se acentúan todas:
> cántaro, pájaro, tuétano

Otros casos:

a) Cuando una palabra tiene un diptongo con una *i* o una *u*, son estas vocales las que llevan el acento:
> moría, servía, acentúo

b) Los monosílabos no llevan acento de no ser diacrítico.

c) Cuando una palabra aguda tiene un diptongo en la última sílaba, se acentúa la vocal fuerte *(a, e, o)*:
> amáis

d) Los adverbios terminados en mente conservan el acento de la palabra anterior:
> fácil, fácilmente

4. Acento diacrítico

Sirve para distinguir dos palabras formadas por las mismas letras, pero con distintos significados.

el	artículo	él	pronombre personal
se	pronombre	sé	del verbo ser o del saber
solo	sustantivo y adjetivo	sólo	adverbio
mi, tu	adjetivo posesivo	mí, tú	pronombre personal
si	conjunción condicional	sí	adverbio afirmativo y pronombre
mas	conjunción adversativa	más	adverbio de cantidad
de	preposición	dé	del verbo dar
donde	adverbio	dónde	interrogativo y exclamativo
cuando	»	cuándo	interrogativo y exclamativo
cuanto	»	cuánto	interrogativo y exclamativo
como	»	cómo	interrogativo y exclamativo
este, estos	adjetivo	éste, éstos	pronombres
ese, esos	»	ése, ésos	»
aquel, aquellos	»	aquél, aquéllos	»
que	pronombre relativo	qué	interrogativo, exclamativo
quien, quienes	pronombre relativo	quién, quiénes	interrogativos, exclamativos
cual, cuales	pronombre relativo	cuál, cuáles	interrogativos, exclamativos
cuyo, cuyos	pronombre relativo	cúyo, cúyos	interrogativos exclamativos
aun	adverbio	aún	cuando significa todavía

Sobre signos de puntuación

La coma

La coma sirve para indicar una separación de frases o de distintas partes dentro de una frase. Ejemplo: Antonio, que no lo sabía, no pudo venir.

Nunca separará el verbo del sujeto, o el verbo del complemento directo:

Mi abuela cose calcetines

Juan lee una novela

a) Cuando en una oración hay predicado, y no se omite la cópula, se pondrá coma entre el sujeto y el predicado, o entre el sujeto y el complemento, de no estar el verbo expresado:

> La película, bien.
> Me voy al cine. Tú, no.

b) Si hay varios elementos homólogos, se pondrá coma después de cada uno de ellos, excepto entre los dos últimos, que irán separados por una «y»:

> María comió caramelos, chocolate y bizcochos.

c) Los complementos circunstanciales se separan con una coma cuando inician una frase y, generalmente, en todos los casos:

> El próximo verano, iremos a la playa

d) Se pone coma entre dos elementos distributivos:

> El niño ya ríe, ya llora

e) *Sin embargo, no obstante* y *pero* se separan con una coma del resto de la oración:

> No obstante, lo intentará.

f) Dos oraciones distintas se separan con una coma:

> Hoy llueve, mañana saldrá el sol

g) Las oraciones causales con *ya que, puesto que* y *como*, se separan de la oración principal con una coma:

> Llévate el paraguas, puesto que llueve
> Supongo que aprobará, ya que ha estudiado mucho

h) Se pondrá coma antes y después de una frase que se quiera intercalar, como en un paréntesis, sin que se rompa la relación de lo que le antecede y le sigue:

> Juan, medio muerto de hambre, llegó a comer a las cinco.
> Me interesa mucho, por ejemplo, coleccionar sellos.
> Mi hermana mayor, María, está enferma.

El punto y coma

Es difícil dar normas concretas sobre el punto y coma.

a) Delimita, como el punto, pero de forma más suave.

> Cae la nieve. El frío es intenso
> Cae la nieve; el frío es intenso

b) Cuando se enumeran varios elementos, y éstos pueden agruparse por una cierta similitud, se separan estos grupos con punto y coma, y con coma los elementos entre sí:

> La mañana es gris, fría, húmeda; ruidosa y agitada.

c) *Sin embargo, no obstante* y *pero* van detrás de un punto y coma cuando van precedidos de un párrafo largo. (También pueden seguir a un punto.)

> No me gusta el teatro que me aconsejabas en tu carta; sin embargo, voy un par de veces al año.

El punto

Separa frases independientes.

a) Cuando dos oraciones son completamente independientes van separadas por un punto.

> Mañana me caso. Estoy nervioso.

b) Se usa punto y aparte para separar párrafos. Hay que cambiar de párrafo al expresar una idea distinta.

Los dos puntos

Los dos puntos se usan:

a) Para hacer seguidamente una aclaración, poner un ejemplo, especificar algo:

> Colecciono cuadros: óleos, acuarelas...

b) Cuando se reproducen palabras expresadas por alguien, se ponen dos puntos siguiendo al verbo que las precede:

> La señora dijo: Está todo en orden.

c) En el encabezamiento de una carta:

> Querido Luis: Te comunico que...

Nunca deben ponerse dos puntos después del verbo ser

> Los puntos cardinales son Norte, Sur, Este y Oeste.

Las comillas

Las comillas se usan para destacar palabras dentro de un texto, por algún motivo especial como puede ser la cita de una palabra correspondiente a otro idioma, o escrita incorrectamente, de manera exprofesa.

Se usan también para delimitar un texto que se reproduce, o el título de un libro que se cita: «Don Quijote de la Mancha».

El paréntesis

Se escribe entre paréntesis aquello que se quiere aislar por no ser absolutamente necesario, como las explicaciones, aclaraciones, etc.: Aquel niño (que era huérfano de padre) me lo contó todo.

El guión

a) Al transcribir una conversación o diálogo, se usa el guión cada vez que se cambia de interlocutor:

> —Me voy.
> —Espera, por favor.
> —Tengo prisa.

b) Se usan dos guiones para cerrar, entre ellos, cualquier inciso. Esta función es también propia de las comas y de los paréntesis.

Abreviaturas

A

Acpt.	aceptación
admón.	administración
A	Alteza
a	área
a D.g	a Dios gracias
art.	artículo
atto.	atento (atta., atenta)
Avda.	avenida
Ayunt.º	Ayuntamiento

B

b.º	beneficio
B.L.M.	besa la mano
B.O.E.	Boletín Oficial del Estado
Brgª	Brigada

C

c°	cambio
cap.	capítulo
cgo.	cargo
crta.	carretera
cg.	centígrado
cl.	centilitro
cm.	centímetro
cts.	céntimos
cert°	certificado
C. de A.	Consejo de Administración
cje.	corretaje
C.G.	Cuartel General
cta.	cuenta
c/c.	cuenta corriente

CH

ch.	cheque

D

dag.	decagrama
dal	decálitro
dg.	decígramo
dl.	decilitro
dpto.	departamento
dcha.	derecha
dto.	descuento
d/f.	días fecha
d/v.	días vista
d.p.v.	doble pequeña velocidad
Dr.	doctor
$	dólares
D.	don
Dª	doña

E

Emª	eminencia
Emmo.	eminentísimo
E.P.D.	en paz descanse

34

entlo.	entresuelo
E.M.	Estado Mayor
E.M.G.	Estado Mayor General
EE.UU.	Estados Unidos
EE.UU. M.	Estados Unidos de Méjico
etc.	etcétera.

F

fra.	factura
F.C.	ferrocarril
fol.	folio
frs.	francos

G

gral.	general
g/p.	giro postal
G.V.	Gran Velocidad

H

Ha.	Hectárea
Hg.	Hectogramo
Hl.	Hectolitro
Hm.	Hectómetro
H.ª	Hermana
H.º	Hermano

I

id.	ídem
Iltre.	ilustre
Ilmo. Ilma.	ilustrísimo, ilustrísima
impte.	importe
Imp.	imprenta
I.O.	Indulgencia Plenaria
Ing.º	ingeniero
inst.ª	instancia
izq.	izquierda

J

J.C.	Jesucristo
Jhs.	Jesús
J.D.	Junta Directiva
J. de G.	Junta de Gobierno
Juzg.º	Juzgado

K

Kg	Kilogramo
Kgm	Kilográmetro
Kl	Kilolitro
Km	Kilómetro
Km²	Kilómetro cuadrado

L

L.B.L.M.	Le besa la mano
L/.	Letra
Ld.º	Licenciado
£	Libra esterlina
liq.	líquido

M

M.	Madre
M.ª	María
m.	metro
m²	metro cuadrado
m³	metro cúbico
m/a.	mi aceptación
m/c.	mi cuenta
m/f.	mi favor
m/g.	mi giro
m/o.	mi orden
m/t.	mi talón
mg.	milígramo
mm.	milímetro
m.	minuto
M.I.	Muy Ilustre, Majestad Imperial
M.I.S.	Muy Ilustre Señor

N

N.	Norte
N.B.	Nota Bene (téngase en cuenta)
ntra.	nuestra
ntro.	nuestro
n/c.	nuestra cuenta
n/f.	nuestra factura
n/g.	nuestro giro
n/L.	nuestra Letra
n/o.	nuestra orden
n/r.	nuestra remesa
N.S.	Nuestro Señor
N.ª S.ª	Nuestra Señora
Ntra. Sra.	Nuestra Señora
N.S.J.C.	Nuestro Señor Jesucristo

O

O.	Oeste
ONU	Organización Naciones Unidas
onz.	onza
O.M.	Orden Ministerial

P

pág.	página
P.º	paseo
p.b.	peso bruto
p.n.	peso neto
p/v.	pequeña velocidad
ptas.	pesetas
p.ej.	por ejemplo
P.O.	por orden
P.A.	por autorización
P.P.	portes pagados, por poderes
P.D.	posdata
P.S.	post scriptum
pbro.	presbítero
pral.	principal
pról.	prólogo
prv.ª	provincia
p.	próximo
ppd.	próximo pasado

Q

Q.B.S.M.	que besa su mano
q.b.s.m.	que besa su mano
Q.D.G.	que Dios guarde
q.e.g.e.	que en gloria esté
q.e.p.d.	que en paz descanse
q.e.s.m.	que estrecha su mano
qq.	quintales
qqm.	quintales métricos

R

Rbla.	Rambla
R.D.	Real Decreto
R.O.	Real Orden
Rbí.	recibí
Rvda. M.	reverenda Madre
Rda. M.	reverenda Madre
Rvdo.	reservado
Rvdo. P.	reverendo Padre
Rvdmo.	reverendísimo
R.I.P.	Descanse en paz (Requiescat in pace)
R.p.m.	revoluciones por minuto
Rda.	Ronda

S

S.E. u O.	salvo error u omisión
S.	san
Sta.	santa
Sr.	señor
Sra.	señora
Srta.	señorita
S.P.	servicio público
Sigte.	siguiente
S.A.	Su Alteza
SS.AA.	Sus Altezas
S.A.	sociedad anónima
S.L.	sociedad limitada
S.M.	Su Majestad
S.S.	Su Santidad
S.S.S.	su seguro servidor
S.S.ª	Su Señoría

T

%	tanto por ciento
Tel., t.º	teléfono
tit.º	título
tmo. t.º	tomo

U

U., Ud., V., Vd.	usted
Uds., Vds.	ustedes

V

v.g. o v.gr.	verbigracia
V.A.	Vuestra Alteza
v/d.	valor declarado
v/r.	valor recibido
vt.º	vencimiento
V.A.R.	Vuestra Alteza Real
V.E.	Vuestra Excelencia
V.M.	Vuestra Majestad
V.º B.º	Visto Bueno
vol.	volumen

Términos cultos de uso corriente

ad hoc	a propósito
ad litteram	al pie de la letra
alfa y omega	el principio y el fin
a posteriori	después
a priori	antes o anteriormente
curriculum vitae	historial de una persona
Deo gratias	gracias a Dios
ex cathedra	con autoridad
ex profeso	intencionadamente
factotum	quien todo lo arregla y maneja
in fraganti	en el mismo momento
in illo tempore	en aquel tiempo, hace mucho tiempo

lapsus linguae	error involuntario (al hablar)
lapsus	error involuntario
motu propio	por propia voluntad
non plus ultra	no más allá (se emplea también como «el mejor»)
nota bene (N.B.)	explicación fuera del texto del escrito o de la carta
rara avis	extraña persona (o especial)
sine die	sin fecha fija
statu quo	situación determinada y concreta
ultimatum	última oportunidad
vox populi	opinión o sentir popular

Tratamientos

Emperador: Majestad Imperial (Su Majestad Imperial) (S.M.J., V.M.I., vuestra...)

Rey: Majestad (S.M. o V.M.), Su Majestad o Vuestra Majestad.

Príncipes Consortes: Alteza Imperial o Real (según sea emperatriz o reina la esposa).

Príncipes, princesas, infante, etc.: Alteza.

Alteza Real: Si el príncipe es el heredero.

Alteza Imperial: Si el príncipe lo es de un Imperio.

Al comienzo de los escritos que se les dirija debe ponerse en todos estos casos SEÑOR, o SEÑORA, o bien Serenísimo Señor, o Serenísima Señora.

Todos los Grandes de España y sus primogénitos reciben el nombre de Excelentísimo Señor.

El resto de títulos nobiliarios reciben el tratamiento de Ilustrísimo Señor.

Estas normas son extremadamente generales, pues el tratamiento varía según las cruces que posean, o por privilegios concedidos, o por tradición.

Por ejemplo, los Reyes de España son Majestad Católica, los de Inglaterra, Graciosa Majestad Británica, etc.

Será necesario consultar cada caso si ha de escribirse una carta o una instancia con extremo protocolo. Sería necesario un libro entero para referirnos a cada caso. Sirvan, sin embargo, los ejemplos citados para tener una idea correcta de las normas generales.

Al Jefe del Estado se le tratará de Excelencia. Se diferencia de los que tienen también el mismo tratamiento, porque al comienzo del escrito no se usará Excmo. Sr. abreviado, sino que se escribirá, íntegramente, Excelencia.

Excmo. Sr.
Excelencia

Ministros del Gobierno, Embajadores acreditados, Miembros del Tribunal Supremo de Justicia, Miembros del Consejo del Reino, Tribunal de Cuentas, Consejo de Estado, Arzobispos y Obispos, Generales de los tres Ejércitos, Grandes de España y sus Primogénitos, Collares y Grandes Cruces de todas las Órdenes. Presidentes y Fiscales de las Audiencias Territoriales, Rectores y Vicerrectores de la Universidad, Gobernadores Civiles, Alcaldes de Madrid y Barcelona, Presidentes de las Diputaciones Provinciales de Madrid y Barcelona.

Al dirigirse a estas personas, debe encabezarse con Excmo. Sr., y en el texto del escrito se usará V.E. (Vuestra Excelencia).

Señoría Ilustrísima
Ilustrísimo Sr.
Ilmo. Sr.

Subsecretarios y Directores Generales, Comendadores de número de las Órdenes Civiles, Alcaldes de Capitales de provincia, Presidentes de las Diputaciones Provinciales (en ambos casos excepto los de Madrid y Barcelona que son Excmos.); Magistrados, Auditores militares, primeros Jefes y Fiscales Jefes de categoría de Coronel Auditor; Decanos y Vicedecanos de las Facultades Universitarias, Directores de Segunda Enseñanza, Delegados Regionales y Provinciales de los distintos Ministerios, Jefes Superiores de Administración Civil.

Los escritos dirigidos a los mismos se encabezarán con Ilustrísimo Señor, Ilmo. Sr., y en el texto se utilizará la fórmula de V. I.

Señoría

Títulos del Reino que no son Grandes de España; Coroneles de los tres Ejércitos, Fiscales primeros Jefes de categoría inferior a la de Coronel, Jefes de Administración Civil, Jueces de Primera Ins-

tancia e Instrucción; Alcaldes de todos los muni-
cipios que no sean capitales de provincia; Comendadores sencillos de algunas Órdenes militares civiles; Placa Militar de San Hermenegildo; Procu-
radores en Cortes.
En el escrito se les tratará de Usía o Vuestra Señoría.

Magnífico   Rectores de Universidad, estatales y eclesiásti-
cas. Se les llamará Rector Magnífico. Los estatales tienen además el tratamiento de Excelentísimo: Magnífico y Excelentísimo Señor Rector.

Honorable   Miembros del Cuerpo Consular acreditado en
España.

Eminencia Reverendísima   Cardenales. En el encabezamiento del escrito se les tratará de
Eminentísimo y Reverendísimo
Señor, y en el texto del mismo
de Vuestra Eminencia Reverendísima (V.E.R.).

Excelencia Reverendísima   Arzobispos, Obispos, Patriarcas,
Nuncios e Internuncios Apostó-
licos y al Decano del Tribunal
de la Rota española.

Ilustrísima Reverendísima   Auditores, Fiscal y Defensor del
Vínculo, del Auditor Asesor del
Nuncio, del Tribunal de la Rota
española, Abades Mitrados o
Benditos de las Congregaciones
Monásticas.

Muy ilustre   Canónigos. En el texto se les trata de Vuestra
Señoría   Señoría o de Usía.

Monseñor   Dignatarios de la Curia Pontificia.

Dom   Superiores de algunas Órdenes o Congregaciones Re-
ligiosas.

Reverendo, Rvdo.   Se da a los religiosos.

Fray   A monjes y religiosos de Órdenes Mendicantes.

Frey   Caballeros profesos de las Órdenes Militares.

Correspondencia privada
y de relación social

Invitaciones

Debemos distinguir entre invitaciones formales e informales.
Las formales se harán mediante tarjetones impresos al respecto, o mediante saludas.
Las informales pueden formularse en una tarjeta o carta.
Éstas se usarán casi exclusivamente cuando los invitados residen en poblaciones distintas, o cuando se aprovecha la carta de invitación para dar alguna otra noticia o hacer algún comentario. Normalmente las invitaciones informales se hacen por teléfono.
A menudo los tarjetones de invitación irán acompañados de unas líneas escritas a mano, cuando es mucha la amistad que une a las dos partes, o cuando tenemos un interés muy especial en que el invitado asista al acto.
El nombre de las personas invitadas irá escrito a mano.
Cuando se trata de Saludas se llenarán a máquina, pero deben rubricarse. Los saludas se usan especialmente en medios oficiales, comerciales o profesionales.

Invitación formal para una cena o almuerzo:

Juan Llopart Ribas y M.ª Dolores Jordana de Llopart
agradecerán a los Sres...
les acompañen en la cena que, con motivo de... (impreso el motivo) ofrecen a sus amistades en su casa de..., a las... horas.

Se ruega etiqueta.

(Recordemos que irá todo impreso menos el nombre de los invitados)

Invitación formal a un cocktail

Ramón García Ortiz y Julia Marín de García
agradecerán a los Sres...
su asistencia al cocktail que el próximo día..., a las... horas
ofrecerán en...
Se ruega contestación.

Es conveniente evitar todo tipo de abreviaciones, como, por
ejemplo, indicando se ruega contestación. Es mejor escribirlo, completo, al pie.

Invitación a una exposición

Pedro Zacarías Gómez
agradecerá mucho la asistencia de...
a la inauguración de la exposición de objetos..., coleccionados
durante sus viajes a Oriente, el día..., a las... horas, instala-
da en..., calle...
Se servirá un vino español.

Respuesta afirmativa:

... (Nombres de los invitados)
agradecen mucho su invitación, y le confirman gustosos su
asistencia a la cena, el próximo día...

Negativa:

... (Nombres de los invitados)
Agradecen muchísimo su invitación, pero lamentan no poder
asistir a la cena que ofrecen el día..., por tener otro compromiso anterior ineludible. Rogamos nos disculpen.

... (Nombre del o de los invitados)
Agradecemos mucho su invitación, pero rogamos disculpe
nuestra ausencia por tener un compromiso anterior. Con mucho gusto visitaremos otro día la exposición y tendremos el
placer de comentarla con usted.

Invitación informal para una cena

Querida Luisa:

Hace muchos meses que no nos vemos, y tanto Carlos como yo deseamos pasar unas horas con vosotros. ¿Podríais venir a cenar el próximo sábado? No faltéis. Están también invitados María y Julián; juntos podemos pasar una agradable velada.
Os esperamos a las 9.30.

Un fuerte abrazo.

                                                        firma

(es adecuado el uso del tarjetón).

Respuesta afirmativa:

Querida Clara:

Encantados iremos a vuestra casa el próximo sábado. Precisamente hace pocos días habíamos comentado con José nuestros deseos de veros y pasar juntos una velada.

Muchos saludos a Carlos y abrazos para ti y los niños.

                                                        firma

Respuesta negativa:

Querida Clara:

Nos alegró mucho recibir noticias vuestras, pero lamentamos no poder aceptar vuestra invitación para el próximo sábado por coincidir con el aniversario de la madre de José. Siempre reúne a sus hijos en esta fecha y no podemos faltar.
¿Por qué no venís vosotros cualquier noche de la semana siguiente? Esperamos vuestra respuesta.

Gracias de nuevo por vuestra invitación, y os enviamos un fuerte abrazo.

                                                        firma

Invitación a unos amigos para que pasen unos días con nosotros (carta)

lugar y fecha

Queridos... y...:

Hace mucho tiempo que no tenemos noticias vuestras; suponemos que múltiples ocupaciones y el cuidado de los niños no os dejan demasiado tiempo libre al cabo del día. A nosotros nos ocurre lo mismo y, por mucho que nos lo propongamos, son raros los momentos que podemos dedicar al ocio y a la compañía de los buenos amigos.

¿Qué opináis de pasar juntos una semana durante las vacaciones de verano? Tenemos una casa en la playa; un viejo caserón fresco y agradable, con capacidad suficiente para vuestra familia y la nuestra.

Suponemos que a vuestros hijos les encantará pasar unos días al lado del mar, viviendo siempre en el interior, y así nosotros podremos disfrutar de vuestra compañía.

No debéis preocuparos por el trabajo que vuestra estancia con nosotros puede ocasionarnos. En verano contamos siempre con una vecina que nos ayuda en los trabajos de la casa.

Ansiosos esperamos vuestras noticias, confirmando vuestra venida. Nuestros hijos están encantados con la idea de poder convivir unos días con los vuestros, de los que guardan un grato recuerdo.

Un fuerte abrazo de,

firma

Respuesta afirmativa:

lugar y fecha

Queridos... y...:

No podéis imaginar la ilusión con que leímos vuestra carta. Nos lo habéis puesto tan fácil que aceptamos gustosos vuestra hospitalidad.

Si os parece bien, iríamos el 5 de agosto, sábado, y estaríamos con vosotros hasta el próximo fin de semana.

Os escribiremos unos días antes de nuestra llegada.

Muchos abrazos a todos de,

firma

46

Respuesta negativa:

lugar y fecha

Queridos... y...:

Agradecemos muchísimo vuestra invitación, y no podéis imaginar cuánto sentimos no poder aceptarla y pasar unos días en vuestra compañía.
Este año los estudios de los chicos no han ido demasiado bien, y nos hemos visto obligados a buscarles un profesor particular, en el pueblo donde veraneamos, para ver si pueden sacar el curso en septiembre.
Para ellos sería perjudicial romperles el ritmo de los estudios y, además, no creemos oportuno premiarles con unas vacaciones a vuestro lado, en el mar, después de su deficiente comportamiento escolar.
No sabéis cuánto lo sentimos; los castigados realmente somos los padres. Quizás el año que viene sea posible.

Adiós. Agradecemos muchísimo vuestra invitación y os mandamos un cariñoso abrazo.

firma

Invitación a una amiga, que pasará unos días en nuestra ciudad, para que venga a cenar:

lugar y fecha

Querida...:

Me he enterado por..., que pasarás unos días en..., en viaje de negocios. No sabes cuánta alegría me dará verte; hace dos años que vivo en..., y son raras las ocasiones que tengo de ver a mis antiguos amigos.
En cuanto llegues te ruego me llames por teléfono (número...) y me digas cuál es el día mejor para ti para cenar en nuestra compañía.

Espero impaciente tu llamada y te mando un fuerte abrazo.

firma

Invitación a una fiesta del pueblo

lugar y fecha

Queridos...:

Hace mucho tiempo que no nos vemos y nos encantaría pasar unos días en vuestra compañía.
La última semana de septiembre son las fiestas del pueblo. Carmen solía venir cada año cuando era soltera y lo pasábamos muy bien. ¿Por qué no os animáis a venir este año? Suponemos que os será fácil, ya que pasáis las vacaciones tan sólo a cincuenta kilómetros, y las fechas os coinciden.
Sería estupendo que os decidierais. Esperamos ansiosos vuestra respuesta afirmativa.

Recibid todo el afecto de

firma

Para reunir a un grupo de antiguos compañeros de estudios

lugar y fecha

Querido...:

Hace ya cinco años que terminamos nuestros estudios y es una pena que muchos de nosotros no hayamos vuelto a vernos desde entonces.
La semana pasada, cenando con... y..., decidimos organizar una reunión para el próximo primero de junio. Pensando en un lugar adecuado, se nos ocurrió el restaurante X tan unido a nuestros días estudiantiles.
Esperamos que la idea te parezca acertada y hagas cuanto esté en tu mano para no faltar a la cita.
Te agradeceré confirmes tu asistencia llamándome cualquier tarde a mi despacho, teléfono...

Un fuerte abrazo

firma

Respuesta negativa:

lugar y fecha

Querido...:

No sabes cuánto siento no poder asistir a la cena del próximo día uno; el primero de cada mes tenemos reunión de... en la empresa y no puedo faltar.
Supongo que ante la proximidad de la fecha no os será posible cambiarla. Lo lamento muy de veras, pues me haría gran ilusión encontrarme de nuevo con todos vosotros. Salúdales de mi parte y excusa mi ausencia.

Un abrazo de tu amigo,

firma

Respuesta afirmativa:

lugar y fecha

Querido...:

Te llamé por teléfono para confirmarte mi asistencia a la cena del próximo día uno, pero no pude encontrarte.
Os felicito por la idea. Echaba de menos una reunión así, pero no había tenido ocasión de comentarlo al encontrarme un poco desconectado de todos vosotros a causa de mi trabajo fuera de...

Contad conmigo el viernes, y hasta pronto.

firma

Invitación a un superior

Distinguido señor X:

Nos complacería muchísimo que aceptara cenar en casa el próximo sábado día...
Tanto mi mujer como yo estaremos muy honrados en recibirle, acompañado de su esposa.
Si aceptan nuestra invitación, les esperamos a las 10.

Reciban nuestro más cordial saludo.

Respuesta afirmativa:

fecha

Apreciado Sr...:

Agradezco mucho la gentileza que han tenido en invitarnos, y gustosos les acompañeros el próximo sábado.

Un cordial saludo,

firma

Respuesta negativa:

fecha

Apreciado Sr...:

Agradezco muchísimo su invitación, pero temo nos será del todo imposible cenar con ustedes el próximo sábado, ya que desde hace varios días teníamos proyectada una salida de la ciudad para este fin de semana.
Espero poder aceptar en otra ocasión, y ruego presente mis disculpas a su esposa.

Cordialmente le saluda,

firma

Invitación para un bautizo

Julián Gómez Sentís y Luisa Carrasco de Gómez
se complacen en invitaros a la fiesta que, con motivo del Bautizo de su hija María, celebrarán el próximo sábado, a las 6 de la tarde, en su finca de...

Madrid, noviembre de 1986

Puede hacerse una invitación más formal, dejando un espacio en blanco para escribir a mano el nombre del invitado, como hemos visto en modelos anteriores.

Invitación para una puesta de largo

... (nombre de los padres)

Agradecerán la asistencia de los Sres. de... a la fiesta que celebrarán en el Hotel Ritz, el próximo 25 de abril, a las 9 de la noche, con motivo de la presentación en sociedad de su hija M.ª Teresa.

Barcelona, marzo de 1986

Se ruega etiqueta.

La fórmula se ruega etiqueta se omite muchas veces. De interesar la forma de ir vestidos, se aclara por teléfono o de palabra.

Invitación para una cena de petición de mano

... (nombre del matrimonio que invita)

Tienen el gusto de invitar a... a la fiesta de petición de mano de su hija Elena, por los Sres. D... y D.ª..., para su hijo Enrique.
La cena tendrá lugar el próximo día 24 de febrero, a las 9 de la noche, en...

Santander, febrero de 1986

Si es menos protocolario, podrá prescindirse del nombre de los padres del novio:

... (padres de la novia)

Se complacen en invitarle a la fiesta de petición de mano de su hija Alicia, por D... (puede escribirse la profesión del novio), que se celebrará el próximo día... a las... horas, en...

Bilbao, enero de 1986

51

Para una boda

Se hará distinción entre participación e invitación. De las primeras hablaremos en el apartado de participaciones. La invitación se adjunta a la participación de todos aquellos que se desea asistan a la ceremonia.

Aunque el protocolo parece indicar que son los padres los que deben participar e invitar —y en según qué regiones los abuelos—, es muy frecuente hoy en día que lo hagan los mismos contrayentes, especialmente si son personas con una posición social ya resuelta.

Parece un formalismo absurdo que sean los padres de un médico, por ejemplo, de más de 30 años, conocido profesionalmente, quienes participen e inviten a la boda del hijo.

Deberían hacerse dos tipos de invitaciones, una de los padres a sus amistades, y otra de los hijos a las suyas.

Cuando son los novios los que invitan

Mariano Torres Inglés
Charo Iñigo Martínez

Se complacen en invitar a... a la ceremonia de su enlace matrimonial, que tendrá lugar, D.m., el próximo 10 de abril, a las 6 de la tarde, en la Basílica de Ntra. Sra. de los Dolores, y a la cena que, a continuación, se servirá en el Hotel Palace.

Madrid, marzo de 1986

Si son los padres los que invitan

... (nombres)

Se complacen en invitar a... al enlace matrimonial de su hijo..., con la Srta..., que tendrá lugar, D.m., el próximo 10 de abril, a las 6 de la tarde, en la Basílica de Ntra. Sra. de los Dolores, y a la cena que se servirá, seguidamente, en el Hotel Palace.

Madrid, marzo de 1986

52

Si son los padres de ambos contrayentes que invitan en una tarjeta en común

(padres del novio)   (padres de la novia)

....

....

Se complacen en invitar a... al enlace matrimonial de sus hijos... y... que se celebrará el próximo 10 de abril, a las 7 de la tarde, en la Real Basílica de los Stos. Mártires, y a la cena que seguidamente se ofrecerá en el Hotel Palace.

Madrid, marzo de 1986

Si uno de los padres es viudo, se hará constar *Vdo. de...* o *Vda. de...* (el nombre completo del difunto o difunta).

Invitación a unas bodas de plata o de oro

....

.... (nombre de los esposos)

Tienen el gusto de invitarle a la cena que, para celebrar sus Bodas de Plata, ofrecerán a sus amistades el próximo día 17 de mayo, a las 9 de la noche, en el Hotel Astoria.

Madrid, abril de 1986

.... (nombre del o de los invitados)

Respuestas

Si se desea, a todas las invitaciones puede añadirse: *Se ruega respuesta*, aunque ya se da por entendido que debe confirmarse la asistencia o excusarse la ausencia.
No creemos necesario dar ejemplos de respuestas. Sirven las mismas para todo tipo de invitaciones. Citaremos solamente algunas frases que pueden siempre ser útiles:

...nuestra más sincera enhorabuena.
...os deseamos mucha felicidad.

...nuestros deseos de felicidad para vosotros.

...esperamos que gocéis de una larga y próspera vida en común.

...nuestro agradecimiento por vuestra invitación y nuestra enhorabuena más cordial.

Invitaciones por carta

Se invita por carta a los parientes y amigos de otras ciudades, cuando el acto no es de protocolo.

Invitación de una amiga a la boda

lugar y fecha

Querida...

El próximo día... de... nos casamos. Después de dos años de noviazgo y de esperar tanto este momento, me sorprende el nerviosismo que me invade.
Ya sabes lo mucho que quiero a... y la seguridad que en su amor tengo; pero el trajín de los preparativos nos mantiene en tensión y no permite que gocemos de la felicidad que podría proporcionarnos el momento.
Deseo vivamente que no faltes ese día; es tan importante para mí que quiero que participen de mi alegría todos aquellos a los que quiero.
La ceremonia religiosa se celebrará en la Parroquia de... a las..., y luego comeremos en el Hotel...
No faltes, por favor.

Un abrazo muy fuerte de tu amiga

firma

Respuesta afirmativa:

lugar y fecha

Querida...:

No sabes la alegría que me ha causado recibir tu carta. ¡Claro que iré! ¿Podías dudarlo?
Dile a Jorge que tiene una gran suerte de casarse contigo, y que estoy segura que os llevaréis perfectamente toda la vida. Espero impaciente la llegada del día..., aunque, si he de serte sincera, creo que me emocionará mucho la ceremonia; eres la primera en casarte de todas las amigas.

Recibe un abrazo muy fuerte de

firma

Respuesta negativa:

lugar y fecha

Querida...:

¡Qué alegría recibir tu carta! Espero y deseo que seáis muy felices.
Yo no podré desplazarme ese día a... para acompañaros, pues para la misma semana están convocadas las oposiciones para las que hace más de un año me estoy preparando.

Mi más sincera enhorabuena a ti y a..., y un estrecho abrazo de tu amiga,

firma

Los padres invitan a unos amigos

lugar y fecha

Queridos...:

El día 15 del mes que entra se casa José. Es el primero de nuestros hijos que dejará el hogar y estamos algo emocionados y nerviosos.
Ya conocéis a la novia, es una muchacha encantadora, y habiendo terminado los dos sus estudios no es lógico que prolonguen por más tiempo sus relaciones.

Nos encantaría que asistierais a la boda. Se casan en la parroquia de S..., a las... de la tarde, y luego cenaremos en el Hotel...

Os rogamos que no faltéis, pues deseamos estar acompañados de nuestros amigos más queridos.

Un fuerte abrazo.

firma

Respuesta afirmativa:

lugar y fecha

Queridos...:

Agradecemos muchísimo vuestra invitación y podéis contar con nosotros, si Dios quiere.

Tenemos a José en gran estima; quizá sea al que más hemos tratado de vuestros hijos, y nos hace ilusión acompañarle en un día tan importante para él y para todos vosotros.

En la espera de poder abrazaros pronto, recibid nuestro sincero afecto.

firma

Respuesta negativa:

lugar y fecha

Queridos...:

Nuestra más sincera enhorabuena por la próxima boda de vuestro hijo José. Ha sido siempre un muchacho estupendo, por lo que no dudamos del éxito de su matrimonio.

Lamentamos muchísimo no poder acompañaros ese día ya que Juan ha sufrido una pequeña recaída y está obligado a guardar cama durante un mes.

Creed que sentimos de veras no poder ir, más aún, por impedírnoslo un motivo tan poco agradable.

Transmitid a José y a su prometida nuestra más sincera felicitación, y para vosotros un estrecho abrazo.

firma

Felicitaciones

Existen múltiples motivos para felicitar a las personas, por lo que resulta imposible dar ejemplos de cada uno de ellos. Es uno de los temas de correspondencia más agradables, ya que están motivados por un acontecimiento feliz, o por el deseo de que lo sea.

Si la felicitación es sincera, resulta fácil escribir una carta o tarjeta; basta tan sólo con dejarse llevar por los sentimientos, con la seguridad de que siempre será leída con agrado.

Escribir cartas o tarjetas de felicitación es también signo de buenos modales, y de apreciar a los demás, alegrándose con sus éxitos.

Las felicitaciones acostumbran a ser cortas, a no ser entre personas muy íntimas, que se ven raramente.

Puede felicitarse por carta, tarjetón, tarjeta, telegrama... según la extensión del texto y la urgencia con que deba ser recibido.

El uso del tarjetón es muy cómodo, ya que permite escribir algo más que en una tarjeta y no obliga a inventar frases inútiles para llenar una carta.

El telegrama es apropiado para felicitar por algo acontecido súbita e inesperadamente, o para asegurar que sea recibido en el momento preciso.

Un apartado importante de éste es el de las felicitaciones de Navidad y Año Nuevo. Acostumbran a enviarse a muchas personas a las que nos unen relaciones muy diversas. Ello ha motivado la creación de frases tópico de las que es muy difícil salir, pero que en realidad quizá no valga la pena hacer un esfuerzo para conseguirlo, ya que expresan correctamente lo que se pretende.

Felicitaciones para onomásticas y aniversarios
Al jefe (tarjeta, o tarjeta postal)

Distinguido señor:

Reciba mi más sincera felicitación, junto con la de mi esposa, en el día de su onomástica.
Desde..., donde, como cada año, pasamos nuestras vacaciones, le enviamos un sincero saludo.

Domingo Carreras

A una antigua amiga de la familia

lugar y fecha

Querida Sra... (o querida Josefina, según trato de costumbre).

El sábado es su santo, y no queremos transcurra sin que reciba nuestra afectuosa felicitación.
Son muchos los recuerdos que la unen a nuestra familia, y no la olvidamos, aunque la distancia haya limitado nuestros encuentros. Deseamos vivamente que el cambio de clima siente bien a su salud y no dude que aprovecharemos cualquier ocasión propicia para hacer un viaje a... y abrazarla, saboreando juntos las delicias del sol mediterráneo.

Reciba un afectuoso saludo de toda la familia. Abrazos.

Clara

Al profesor (tarjeta o tarjetón)

Estimado Sr... (Distinguido Sr...)

No quisiera dejar pasar estas fechas sin felicitarle y expresarle mi admiración y reconocimiento por la labor que desarrolla y nos dedica desde su cátedra.

Reciba mi más cordial y atento saludo.

Lorenzo Casas

Al padre

Queridísimo padre:

Hace muchos días que pensaba escribirte, pero las múltiples ocupaciones, no la pereza, han retrasado mi propósito. Hoy te dedico este rato plácido y tranquilo antes de acostarme para desearte, de todo corazón, que pases un día de tu aniversario muy feliz.
Añoro estar entre vosotros y siempre, pero especialmente aho-

ra al escribirte, echo de menos las largas charlas que solemos mantener cuando estamos juntos, y que tanto me han ayudado a conocer el mundo y las personas.

Espero poder estar pronto entre vosotros. Muchos besos a mamá; dile que la recuerdo más de lo que puedo llegar a expresar.

Un fuerte abrazo de tu hijo

Jorge

A la madre

Queridísima mamá:

Cuánto siento no poder estar este año a tu lado en el día de tu Santo. Creo que es la primera vez que vamos a pasarlo separados, y tú bien sabes que mi deseo sería felicitarte con un abrazo muy entrañable.

El trabajo me tiene absorbido muchas horas al día, demasiadas. Espero, sin embargo, con un poco más de esfuerzo, llegar a la meta que me he fijado, y que te sientas orgullosa de mí. Es el mejor y único regalo que puedo ofrecerte.

Adiós, querida madre. Abraza a papá y a los chicos de mi parte, y para ti, un sinfín de besos y de felicidad,

Juan

A un hermano

Queridísimo Luis:

¡Muchas felicidades, muchacho! Qué viejo te estás haciendo. Veinticinco años me parecen una barbaridad; aunque, pensándolo bien, me llevas sólo cinco...

¿Cómo va tu trabajo? He tenido noticias de que te están convirtiendo en el «amo» de la empresa; cuando llegues a ser importante, espero te acuerdes de esta hermana que lucha por abrirse paso en la difícil profesión que se le ha ocurrido escoger.

Hasta otro día, querido Luis. Te recuerdo muchísimo y te mando un fuerte abrazo.

A un abuelo

Queridísimo abuelo:

¡Un sinfín de felicidades! Tengo muchísimas ganas de verte y, hoy especialmente, quisiera estar a tu lado y celebrar juntos tu cumpleaños.
Pido a Dios te conserve la magnífica salud de que gozas y te dé una larga y feliz ancianidad, que tanto te mereces después de tan largos años de lucha.

Te abraza muy fuerte y te quiere tu nieta,

Josefina

A una tía

Querida tía Teresa:

Como puedes ver, no se me olvida tu Santo. ¡Felicidades! Sería imposible para mí dejar de desearte lo mejor en este día, y siempre. Sabes lo mucho que te quiero y la profunda admiración que siento por ti.
Espero que el próximo año pueda ir personalmente a felicitarte y darte un fuerte abrazo.

Besos de tu sobrina

A un amigo

Querido...:

Muchísimas felicidades. Me alegra que se aproxime tu santo, no sólo para poder desearte lo mejor, sino porque es para mí una necesidad y un placer escribirte y comunicarme contigo. Son tantas las ocupaciones y tan grande el ajetreo diario, que uno llega a olvidarse de algo tan importante como es la lectura, la música y la amistad.
En este pequeño alto en el trabajo, recuerdo nuestros días juveniles, nuestras preocupaciones y ambiciones. Los dos hemos llegado donde queríamos, pero yo, aunque satisfecho, añoro un poco aquellos años faltos de grandes responsabilidades, pero vividos con intensidad.

Recibe un abrazo de tu amigo,

Bernardo

A la novia

Mi querida...:

Siento muchísimo no poder estar el lunes a tu lado y poder celebrar juntos el día de tu santo. ¡Felicidades, cariño!

Me parece demasiado pobre lo que te he dicho, comparado con la grandeza de mis sentimientos. No sólo el lunes desearía estar contigo, sino ahora, mañana, siempre. Se me hacen interminables estos tres meses de separación; lo único que me consuela es que significará un ascenso en mi trabajo y la posibilidad de ofrecerte una vida mejor. Trabajo intensamente, con entusiasmo, pensando en ti. Recibe todo mi amor, y un abrazo muy apretado.

Julián

Otras felicitaciones

Felicitación por un éxito obtenido

Valencia, ... de ... de...

Querida Luisa:

Me ha llenado de alegría ver tu fotografía en el periódico, y leer los grandes elogios que de tu obra han hecho los críticos. Siempre me ha entusiasmado tu pintura, y jamás he dudado que llegarías a triunfar.

Me hubiera gustado poder ir a Madrid durante este mes, ver la exposición y poder charlar y darte la enhorabuena personalmente, pero temo me será del todo imposible dado el abrumador trabajo que tenemos estas semanas.

Saluda a tu marido de mi parte, y recibe un abrazo de

61

Felicitación por una labor realizada

Lugar y fecha

Membrete
Sr. D...

Apreciado amigo:

Al conocer los éxitos obtenidos por... que usted dirige, en el Salón Internacional del..., donde su firma ha conseguido varios premios y distinciones, plácenos con estas líneas manifestarle nuestra satisfacción por el resonante triunfo, tan merecido por la dedicación y el esfuerzo con que realiza su labor.

Con nuestra más cordial y sincera felicitación, reciba un afectuoso saludo.

firma y antefirma

Por el nacimiento de su primer hijo

Queridos Julia y Mariano:

Nuestra más sincera enhorabuena. Imaginamos lo felices que debéis sentiros ante la experiencia de ser padres; es algo tan natural y grande a la vez, que hace brotar uno de los sentimientos más profundos que puedan experimentarse en la vida.
Quizá dentro de poco vayamos a Barcelona y podamos conocer al niño; os escribiremos antes.

Felicidades de nuevo, y esperando que Julia se restablezca pronto, recibid un abrazo de

Ana y Ramón

Por el nacimiento de un hijo (no el primero)

Queridos... y...:

Nuestra felicitación por el nacimiento de vuestro nuevo hijo. Debéis sentiros orgullosos con tres niños tan hermosos e inteligentes. Nos ha dicho Pedro que el pequeño es una preciosidad.
Deseamos poder un día ir a Barcelona, conocerlo y poder pasar juntos unas horas.

Esperamos que Julia se halle pronto restablecida. Un fuerte abrazo

---

Por el nacimiento de un nieto

Queridos...:

Enhorabuena por vuestro primer nieto. Suponemos estáis locos de contento con el bebé.

Felicidad a Ramón y Carmen de nuestra parte, y recibid todos nuestro más afectuoso abrazo.

A una amiga que va a casarse

Querida...:

Cuánto me alegré al enterarme de que te casabas pronto con Juan. Ya sabes la gran estima en que os tengo a los dos, y hubiera sentido que vuestras relaciones quedaran en buena amistad, pues siempre he creído que podíais formar un matrimonio extraordinario.

Felicita al afortunado de mi parte y recibid los dos un fuerte abrazo.

Respuesta:

Querida...:

Me alegró mucho recibir tu carta de felicitación, aunque sentí que alguien se me hubiera adelantado en comunicarte la noticia. Sé la gran estima en que nos tienes; muchas veces me habías comentado lo acertado que te parecería el matrimonio entre Juan y yo.
Las cosas han sucedido muy rápidamente. Creo que en el fondo de nuestro corazón hacía ya tiempo que nos queríamos, así que ha sido fácil tomar la decisión de casarnos dentro de un par de meses. Soy muy feliz, y él también, estoy segura.

Gracias por tu cariñosa carta, y recibe un abrazo de

Carolina

Felicitaciones para Navidad y Año Nuevo

La aparición de felicitaciones impresas, denominadas Christmas, gran parte de los cuales tienen incluso el texto escrito, facilita enormemente esta tarea. En muchos casos es tan sólo necesario firmar.
Cuando hay que enviar un gran número de estas felicitaciones es también frecuente hacerlas imprimir con el texto deseado.
Los clásicos textos navideños giran alrededor de conceptos como paz, amor, comprensión, alegría...
Los de Año Nuevo: prosperidad, éxito, bienestar...
Cuando en la misma felicitación se formulan los mejores deseos para el conjunto de todas estas fiestas, se aúnan conceptos de los dos apartados: paz y prosperidad; alegría y bienestar.
Daremos algunos ejemplos, aparte del clásico «Felices Navidades y un Próspero Año Nuevo».

— Deseamos tengan unas Navidades llenas de paz y alegría, y un Año Nuevo próspero y feliz.

— Que la Navidad avive en todos nosotros el sentimiento de fraternidad humana y que el Año... lleve al mundo el bienestar y la máxima igualdad entre los hombres.

— Nuestra más sincera felicitación para estas Navidades, y nuestro deseo de prosperidad para el Año...

— Que Dios les colme de bendiciones en estas Fiestas de Navidad, y en el Año... que va a comenzar.

Con frecuencia se transcriben textos bíblicos, pontificios o literarios, apropiados al caso.

Saludas y besalamanos

Actualmente el Saluda ha venido a ocupar prácticamente el lugar de los besalamanos. Tiene la misma función y está mucho más acorde al proceder de nuestros días.
Ambos tienen como fin saludar y ofrecerse desde un nuevo cargo, invitar, felicitar...
Van impresos en papel de buena calidad, en hojas tamaño cuartilla, o algo menores, en el sentido longitudinal, dejando espacios en blanco para escribir, a máquina, el cuerpo del escrito, que variará según los casos, el nombre de la persona a quien se dirige, y la fecha.
En la parte superior del saluda va impreso el cargo que ostenta la persona que lo envía.
Debajo, la palabra Saluda, destacada.
Seguidamente se deja un espacio en blanco para llenar con el nombre del destinatario y el cuerpo del escrito.
En la parte inferior irá impreso el nombre y los apellidos de quien ostenta el cargo y, debajo del mismo, una frase cortés de despedida.
Al pie de la hoja figurará la localidad y los espacios correspondientes para escribir la fecha.
Las frases de despedida serán las acostumbradas:
Aprovecha esta oportunidad para saludarle muy atentamente.
Aprovecha esta ocasión para testimoniarle su consideración...
Veamos seguidamente un esquema de Saluda:

EL
DIRECTOR GENERAL
DE POLITICA COMERCIAL

S A L U D A

Luis López Fernández

aprovecha esta oportunidad para testimoniarle su consideración.

Madrid, ... de ... de 19...

Ejemplo de saluda escrito

EL
DIRECTOR GENERAL
DE POLITICA COMERCIAL

S A L U D A

a D. Mateo Casavieja, y le invita al
acto que, con motivo de la inauguración del Salón..., tendrá lugar, en
la sala de actos del... el próximo sábado, día..., a las...

Luis López Fernández

aprovecha esta ocasión para saludarle
muy atentamente.

Madrid, 2 de mayo de 1986

Participaciones

Las participaciones tienen como fin comunicar a las amistades acontecimientos de la vida familiar que tienen repercu-
sión en la vida social.
En algunos casos pueden también tener carácter comercial.

66

El caso más corriente es el de la participación de boda. El nacimiento, la petición de mano, etc., son también motivos para la impresión y envío de participaciones.

Su formato puede ser múltiple: rectangular, cuadrado, díptico, tríptico, doblado en cuatro...

Se acostumbran a imprimir en cartulina blanca o clara, aunque hay quien usa el color y papeles de calidad distinta, tanto superior como inferior.

Tanto el sistema de impresión como los tipos de letra pueden ser muy diversos. Emplearse una o varias tintas, esto es, uno o más colores. Cualquier variación influye directamente en el precio.

La gente tiende actualmente a simplificar, y se extiende el uso de la cartulina blanca, de forma rectangular, adaptada a cualquiera de los sobres standard.

Es importante que su tamaño se adapte a las normas dictadas por Correos; de lo contrario se pagará doble franqueo. El capricho no vale la pena a no ser en casos excepcionales en que el valor artístico de la participación no pueda sacrificarse al precio.

En la actualidad es muy discutido si son los padres o los contrayentes quienes envían la participación. No hay norma fija. Hasta ahora eran los padres quienes participaban la boda de los hijos a sus amistades.

Pero los jóvenes aceptan cada vez menos el que los demás actúen en su nombre y quieren ser ellos mismos quienes participen a sus amigos un acontecimiento que variará el curso de su vida, no la de sus antecesores.

Puede ocurrir también que uno de los contrayentes sea huérfano, en cuyo caso se hallará en distintas condiciones que su pareja.

Daremos algunos ejemplos de participaciones.

Cuando son los padres los que participan:

Juan Moreno Buendía   Esteban Sanz Pérez
M.ª Luz Garrigues de Moreno   Teresa Ferrán de Sanz

Se complacen en participarles el próximo enlace de sus hijos

Carlos y Elena

que tendrá lugar (D.m.), durante la primera quincena de octubre, en la Iglesia Parroquial de...

Granada, septiembre de 19...

Al pie puede imprimirse la dirección de las dos familias, una a la izquierda y otra a la derecha, en letra más pequeña. En el anterior modelo de participación podría, pues, añadirse:

Isabel la Católica, 25   Magallanes, 7

Cuando uno de los dos es de distinta población dirá:

Isabel la Católica, 25   Magallanes, 7 - Baza

En la participación no suele indicarse el día exacto de la boda, pues al imprimirse con bastante antelación a menudo no se ha fijado todavía.
Puede también omitirse la iglesia donde va a celebrarse. A los invitados ya les constará en la invitación.
Cuando se trata de un matrimonio civil, suele invitarse únicamente a la recepción.
Si uno de los padres es viudo, se imprimirá como sigue:

Juan Moreno Buendía   Esteban Sanz Pérez
M.ª Luz Garrigues de Moreno   Vdo. de Teresa Ferrán

Los nombres de los padres del novio figurarán a la izquierda y los de la novia a la derecha; así como el novio figurará también primero que la novia.
En algunas povincias españolas se participa de la siguiente forma, quizás algo complicada:

Juan Moreno Buendía y Paz Luz de Moreno se complacen en participarle el próximo enlace de su hijo Juan con la Srta. Teresa Ros

Ramón Ros Pla y Nuria Palau de Ros se complacen en participarle el próximo enlace de su hija Teresa con D. Juan Moreno

que se celebrará durante la segunda quincena de noviembre, en la Real Basílica de nuestra Sra. de Loreto.

Población y fecha

dirección novio   dirección novia

Si uno de los contrayentes no tiene padres pueden participarlo los abuelos, aunque parece más lógico que sean los mismos novios quienes lo hagan.

Antonio Gandía Ochoa
M.ª Gloria Carrasco Cos

se unirán en matrimonio la primera quincena de
mayo, en la Iglesia Parroquial de...
Junto con sus familiares, tienen el gusto de par-
ticipároslo.

Burgos, abril de 1986

Antonio Gandía Ochoa
M.ª Gloria Carrasco Cos

Se complacen en anunciaros que se casarán la
segunda quincena de abril, en la Real Basílica
de...

Barcelona, ...

Antonio Gandía Ochoa
M.ª Gloria Carrasco Cos

se casarán, D.m., durante la primera quincena de
agosto en la Parroquia de...
Junto con sus padres se complacen en comuni-
cárselo.

Madrid, ...

Henares, 23   Salmerón, 14

En algunas ocasiones, si la boda, por motivos imprevistos,
o por deseo de los contrayentes, se ha celebrado en la más
estricta intimidad y no se ha comunicado a las amistades,
puede hacerse una vez celebrada:

Antonio Gandía Ochoa
M.ª Gloria Carrasco Cos

Se complacen en comunicaros su enlace matrimonial, celebrado el pasado... de..., en...

En estas ocasiones puede aprovecharse para ofrecer el domicilio en la misma participación:

69

Antonio Gandía Ochoa
M.ª Gloria Carrasco Cos

> Se complacen en comunicaros su enlace matri-
> monial, celebrado el pasado... de... en... y os
> ofrecen su domicilio.

Santillana, 235, 6.º-2.ª   tel. 324 34 54   28038 M A D R I D

Puede también discutirse si se tratará de tú o de usted a los
participados.
El tú en singular no parece apropiado; sí en plural, ya que
puede confundirse con el antiguo tratamiento de vos, que es
respetuoso.

Participaciones de nacimiento

Con mucha frecuencia los padres participan a sus familiares
y amistades el nacimiento de un hijo por medio de una tarjeta impresa, ahorrándose así multitud de cartas y llamadas
telefónicas.
Las participaciones de nacimiento acostumbran a tener un
tamaño menor que las de boda. Llegan incluso a imprimirse
en tarjetas bastantes pequeñas, aparentando que es el propio bebé quien anuncia su llegada al mundo, aunque esta
variedad es difícil que no caiga en la cursilería. Lo lógico
es que sean los padres quienes comuniquen la noticia o junto
con sus otros hijos, de tenerlos. Esta fórmula sirve de recordatorio a las amistades sobre el número de hijos con
que cuenta el matrimonio.
Cuando para celebrar el feliz acontecimiento se obsequia a
las amistades con una pequeña bolsa o caja de dulces se
acompañan éstas de una tarjeta del recién nacido, en la que
figura el nombre, fecha de nacimiento y la del bautizo.
Ejemplos (cuando los padres lo participan):

Juan Marín Lombarte y Matilde Planas de Marín
se complacen en comunicarles el nacimiento de su hijo...
que tuvo lugar el pasado día... de... de...

Puede añadirse si es el primero, o segundo, el tercer hijo,
etcétera.

70

...en participarle el nacimiento de su segundo hijo...
...el nacimiento de su hijo..., segundo de su matrimonio...

Cuando consta el nombre de los otros hermanos:

Juan Marín Lombarte y Matilde Planas de Marín
junto con Jorge y María Teresa
se alegran en comunicarles el nacimiento de

José M.ª

que tuvo lugar en Barcelona, el 20 de enero de 1986

Tarjetas:

José M.ª Marín Planas
Barcelona, 20 enero 1975

José M.ª Marín Planas

Nacido 20-1-86   Bautizado 10-2-86

Primeras comuniones

Las primeras comuniones van paulatinamente dejando de
ser un acto social y ajustándose más a su sentido religioso
y litúrgico.
Las grandes fiestas y los grandes regalos se convierten en
reuniones estrictamente familiares, completadas, a veces,
con una pequeña fiesta infantil.
No se acostumbran a enviar participaciones, pero sí a imprimir estampas-recordatorios del día.
Veamos algunos ejemplos:

M.ª del Pilar López Díaz
ha recibido por vez primera el Sacra-
mento de la Eucaristía, el día... de...
de... en la Parroquia de...

Madrid, ... de 19...

Luisa González Prats
ha celebrado su Primera Comunión el
día... de... de... en la Capilla de...

Barcelona, mayo 1975

Si la primera comunión la celebran varios niños a la vez,
pueden imprimirse los nombres de todos los niños en la
misma estampa

M.ª del Pilar Lorenzo Juan
Eduardo Puig Guinart
Mariano Pulgar Sanjuán
Trinidad Santos Oller
Rosa Fabregó Puig
Rosendo Clavé Marín

han recibido por vez primera el Sacra-
mento de la Eucaristía en la Iglesia
Parroquial de...

Badalona, mayo 1975

Participación de petición de mano

Cuando se participa, suelen hacerlo los padres de la novia.
Veamos algún ejemplo:

Julián Romero del Nogal y Magdalena Espinós de Romero
se complacen en comunicarles que los Sres. de...
han pedido la mano de su hija Marta, para su
hijo Enrique.

Julián Romero del Nogal
Magdalena Espinós de Romero
se complacen en anunciarles la petición de mano
de su hija Elena, por los señores de... para su
hijo Enrique, que tendrá lugar el próximo día...
de...

Madrid, ... de...

Julián del Nogal Colet
Cándida Gómez-Antúnez de Nogal

        se complacen en anunciar, para el próximo día...
        de..., la petición de mano de su hija... por D...

                Madrid, ... de...

Pésames y condolencias

Este apartado incluirá no sólo las cartas de pésame por la muerte de un ser querido, sino también aquellas con las que nos unimos al dolor de otra persona ocasionado por desgracias diversas.

Son cartas muy delicadas de escribir; su fin es el consuelo y cuesta conseguirlo. La carta no les librará del pesar, pero sí puede lograr que la persona se sienta acompañada, saber que tiene amigos con los que puede contar. Esto es muy importante.

Las tarjetas, tarjetones y telegramas se usan sólo en el caso de fallecimiento, o para expresar deseos de restablecimiento en accidente grave.

El telegrama se escribirá cuando habiten en distintas ciudades, e irá generalmente seguido de una carta o de una visita, si el grado de amistad entre las dos personas que se comunican es grande.

No es necesario extendernos en la suma delicadeza con que deben estar escritas estas cartas; hay que tener presente que el receptor se halla en un estado de hipersensibilidad y que necesita nuestro consuelo.

Evitemos frases hechas, que suenan a vacío. Quien las recibe tendrá la impresión de que escribimos por puro deber, no por simpatía. Si de verdad se ama a la persona fallecida, o a la que ha sufrido la pérdida, lo mejor es dejarse llevar por el sentimiento experimentado al conocer la noticia, y expresarlo llana y sencillamente, aunque no se escriban ninguna de las frases habituales. Éstas sirven de pauta a quien tiene dificultad de expresión, pero siempre es mejor lo espontáneo.

Este tipo de cartas acostumbra a ser corta.

Por la muerte del esposo (o esposa)

Telegrama

Afligidos fallecimiento amado esposo. Inmejorable amigo. Rogamos a Dios y te acompañamos en tu dolor muy sinceramente. Abrazos.

Tarjeta

Nuestro sincero pesar por la muerte de tu amado esposo, hombre ejemplar que recordaremos y oraremos a Dios por él.

Tarjetón

Estamos sinceramente conmovidos por la noticia de la muerte de tu querido esposo. Sabes la mucha estima que sentíamos por él. Comprendemos tu inmenso dolor de esposa por su pérdida; el nuestro también es grande por la desaparición del amigo.
No hay palabras que puedan consolarte y que nosotros podamos escribir, pero cuenta siempre con nuestra sincera amistad y nuestras oraciones.

Carta

Queridísima...:

Nos ha conmovido profundamente la noticia de la muerte de tu querido esposo Carlos. Imaginamos cuánto debe ser tu dolor por haber perdido no sólo al marido, sino a un compañero, hombre admirable por su honestidad y amor a los demás.
Es imposible consolarte de su pérdida, pues no hay palabras que reemplacen el amor y la compañía; pero sí ha de darte paz y esperanza pensar lo mucho que ha querido y le han querido, y el bien que ha hecho en su paso por este mundo.
Ya sabes, Juana, que nos tienes siempre y para todo, y que jamás debes dudar en recurrir a nosotros cuando nos necesites.
Iremos a verte muy pronto. Un abrazo muy apretado y nuestras oraciones.

Por la muerte del padre (o madre)

Telegrama

Profundamente apenados por fallecimiento querido padre. Nos unimos a tu dolor y oraciones.

Tarjeta

Nuestro sincero pésame por la muerte de tu querido padre. Hombre ejemplar al que admirábamos y al que recordaremos en nuestras oraciones.

Tarjetón

Sinceramente apenados por la noticia del fallecimiento de tu querido padre, nos unimos a tu dolor y a tus oraciones. Era un hombre del que siempre guardaremos afectuoso recuerdo por su gran humanidad y arrolladora simpatía. Te rogamos transmitas nuestra condolencia a tus hermanos y para ti un abrazo entrañable.

Carta

Querido...:

La triste noticia de la muerte de tu querido padre nos ha conmovido profundamente. Era un hombre admirable que despertaba el afecto de todos los que le conocían, porque él quería a todo el mundo. Su recuerdo permanecerá vivo en nosotros siempre. Es envidiable dejar tras de sí una vida tan eficaz; debe serviros de gran consuelo a todos vosotros.
Quisiéramos acompañaros personalmente en estos momentos, pero la enfermedad de Luis nos lo impide. Tan pronto nos sea posible iremos a veros. Sabed que nos tenéis para todo, y en cualquier momento, y que nuestras oraciones le acompañan.

Un abrazo muy fuerte de

Por la muerte de un hijo

Telegrama

Consternados ante noticia rápido fallecimiento de... Os acompañamos profundo dolor.

Tarjeta

Muy apenados por la triste noticia de la muerte de... Os enviamos nuestro más sincero y profundo pésame y rogamos a Dios por él y para que os dé paz y serenidad.

Tarjetón

Profundamente afligidos por la noticia de la muerte de vuestro amado hijo Andrés, no hallamos palabras para expresaros el pesar que esta pérdida nos produce. Debe ser muy amargo para los padres, y no oso emplear palabras por miedo a que parezcan vanas. Entended, pues, nuestros sentimientos, que están unidos a los vuestros muy sinceramente.

Carta

Queridos...:

Nos sentimos incapaces de hallar palabras de consuelo para vuestro dolor, pero deseamos expresaros el profundo pesar que nos ha causado la muerte de vuestro querido Andrés. ¡Qué vacías os deben parecer todas las palabras que escucháis! Por eso quisiéramos que os llegara nuestro sentir, callado pero profundo, y que nos sintierais cerca, acompañándoos en vuestro dolor, pero infundiéndoos la esperanza de que volveréis a estar con él algún día. En cuanto nos sea posible iremos a veros. Recibid un abrazo muy entrañable de

---

Para la muerte de un hermano

Telegrama

Conmovidos triste noticia muerte querido hermano. Os acompañamos en vuestro dolor y oraciones.

Tarjeta

Sentimos muchísimo el fallecimiento de vuestro querido hermano, tan amado por nosotros. Os acompañamos en vuestro dolor y rogamos a Dios por él.

Tarjetón

Estamos profundamente apenados por la pérdida de vuestro hermano Pedro, al que nos unía gran afecto y amistad. Es un duro golpe ver desaparecer a alguien tan entrañable y humano, a una edad tan llena aún de posibilidades. Rogamos a Dios por él y os mandamos nuestro sincero pésame.

Carta

Queridos...:

Con profundo pesar nos enteramos de la muerte de vuestro hermano Pedro y querido amigo nuestro. Es difícil expresaros nuestros sentimientos, pues era un hombre al que todos amaban, y siempre dispuesto a ayudar a los demás. ¡Cuán gratos recuerdos guardamos de su personalidad! Permanecerá siempre en nuestro corazón.
Os acompañamos en vuestro dolor y oraciones.

Un fuerte abrazo.

Por la muerte de un familiar

Son válidos cualquiera de los modelos anteriores, según el grado de unión que existiera entre ellos.
Generalmente se usará el tarjetón o la tarjeta. La carta no es necesaria, a no ser que el difunto fuera persona muy popular o muy amiga del que escribe, en cuyo caso la carta tratará más de elogiar al difunto que de consolar a los deudos.

Respuestas

Es obligado contestar todas las cartas, aunque sean las de condolencia. Si la escasez de tiempo nos impide contestar con una carta o tarjeta, puede enviarse un recordatorio o una tarjeta impresa de agradecimiento.

En estas tarjetas figuran los nombres de todos los deudos, por orden de parentesco (los más íntimos, se entiende), y una frase final de agradecimiento.

Pongamos un ejemplo:

Si el finado es un hombre casado y con hijos, el tarjetón lo encabezará el nombre de la esposa, seguido del de los hijos, de mayor a menor, y del de las nueras o yernos, empezando por el casado con la mayor o el mayor. Se colocarán uno debajo del otro. Al pie dirá:

> agradecen su condolencia
> muy agradecidos por su sentido pésame

Tarjetón agradeciendo pésame

Querido...:

Agradecemos muchísimo vuestra sentida carta; es reconfortante verse acompañado por los amigos en estos momentos y comprobar lo mucho que Pedro era estimado por todos. Es difícil vivir sin él, y sería imposible sin la ayuda de Dios.

Un abrazo de,

firma

Por un accidente grave sufrido por el cónyuge o los hijos

lugar y fecha

Querido...:

Con gran consternación nos enteramos del grave accidente sufrido por tu..., en su habitual recorrido hacia el trabajo. Imaginamos los angustiosos momentos que estarás viviendo, en la duda constante del resultado de la intervención a que tuvo que someterse.

Ten serenidad y confianza, pues estos casos acostumbran a resolverse felizmente.

Quisiera poder ayudarte y pasar por ti una parte de la angustia que te oprime. Acude a nosotros sin dudarlo siempre que lo necesites, aunque sea sólo para desahogarte. Iremos a veros uno de estos días.

Un abrazo muy fuerte y nuestros mejores deseos de restablecimiento para...

firma

A un amigo que ha tenido un revés de fortuna

Querido...:

Me he enterado que últimamente las cosas no te han ido demasiado bien, y que la actual crisis te ha obligado a cerrar tu negocio, al que tantos esfuerzos habías dedicado.

Lamento no haber podido ayudarte, pero mi ignorancia sobre tu situación era total.

Estoy convencido de que pronto te abrirás de nuevo camino, gracias a tu gran talento y capacidad de trabajo, pero no dudes en recurrir a mí siempre que me necesites. Sabes que haré cuanto esté en mis manos para ayudarte en aras a nuestra vieja amistad y al profundo afecto que siempre nos ha unido.

Un abrazo muy cordial de

firma

A un amigo que ha roto su compromiso matrimonial

lugar y fecha

Querido...:

Me ha sorprendido mucho la noticia de tu ruptura con... tan cerca como estabais de vuestra boda, y por unos motivos tan poco agradables.

No sé si soy indiscreto al escribirte, pero no intento avivar en ti el recuerdo, sino ofrecerte mi amistad por si necesitas charlar y desahogarte.

Un abrazo muy cordial de tu buen amigo,

firma

Agradecimientos

Las cartas de agradecimiento son las que demuestran más claramente la educación de quien las escribe.
Es muy frecuente pedir favores, pero fácil olvidar agradecerlos. Algo semejante ocurre con los regalos.
No recibir unas líneas de agradecimiento cuando se ha dispensado un favor o tenido alguna delicadeza, despierta el desagradable sentimiento de sentirse usado como medio, para satisfacer necesidades o solucionar problemas, pero poco valorado como persona.
Hay que agradecer siempre, aunque la gestión realizada no haya tenido éxito, el regalo no haya sido de nuestro agrado, o los días pasados en su compañía hayan resultado aburridos.
Según la importancia del favor, o según la persona de quien provenga, se escribirá tarjeta, carta o tarjetón.
Los regalos acostumbran a agradecerse con una tarjeta, a no ser que sean excepcionales, en cuyo caso se obrará en consecuencia.

Carta o tarjetón de agradecimiento a un amigo por una gestión realizada

lugar y fecha

Querido...:

Mucho te agradezco tu gestión que, además de tener el éxito deseado, me ha ahorrado un viaje a..., en momentos en que el trabajo no me permitía desplazarme.
Como te he dicho, las cosas marchan divinamente, no nos han puesto objeción alguna y ello, en gran parte, gracias a ti.

Un abrazo de tu amigo,

firma

Por un favor de un amigo

lugar y fecha

Querido...:

No sé cómo darte las gracias por el enorme favor que me has hecho. Tus indicaciones eran precisas y exactas, y completa la bibliografía sobre el tema. Sin tu colaboración me hubiera sido difícil llevar el asunto adelante, ya que era un caso sin precedentes en mi larga experiencia profesional.

Te agradezco de nuevo tu ayuda, y te mando un cordial abrazo.

Por un favor de una persona influyente

lugar y fecha

Distinguido señor:

Quisiera agradecerle todas las molestias que se ha tomado por mi caso. De no ser por usted, en estos momentos sería un hecho mi traslado a..., lo que implicaría un grave problema en el desarrollo de mi vida familiar y, especialmente, en el de la educación de los chicos; creo que hubiera sido perjudicial a su edad cambiar de colegio y de sistema de enseñanza.

Ruego disculpe las molestias que le haya podido causar, y reciba un afectuoso saludo de mi esposa y mío.

Pedro Marcos

Tarjeta agradeciendo un favor a un amigo

Querido Luis:

Muchísimas gracias por todo. No sabes el inmenso favor que me has hecho.

Un fuerte abrazo

Pepe

Agradecimiento por un servicio prestado

Querida Mercedes:

No sabes cuánto te agradezco me hayas sustituido en el trabajo durante mis días de baja por parto. Sé que para ti ha sido pesado, ya que debías atender también a tus cosas, por lo que estoy aún más agradecida.
Te felicito por tu competencia; no sabes lo bien que todos me han hablado de ti. No había dudado ni un momento de ello, por esto pedí tu ayuda, pero siempre es agradable que los demás opinen lo mismo.

Muchísimas gracias de nuevo, y un abrazo fuerte de

Belén

Por una atención recibida

lugar y fecha

Querido Pepín:

Te agradezco de veras la atención que tuvisteis con mi mujer y los niños durante su visita a Santander.
Fue una verdadera y grata sorpresa para ellos veros en la estación, y que les acompañarais e invitarais durante las horas que pasaron en la ciudad.

Os envío cariñosos saludos de todos ellos, y tú recibe un abrazo de

Bartolomé

Por una atención recibida de un superior

Distinguido señor (o Querido Sr. X...):

No sabe cuánto le agradezco la delicadeza de enviarme un ejemplar de su último libro. Es un gran honor que me hace al haberse acordado de mí.
He tenido tiempo sólo para hojearlo (lo recibí ayer por la tarde) y ya he podido darme cuenta del enorme interés que ofrece.
Muchas gracias de nuevo, y un respetuoso saludo de

Agradecimiento por hospitalidad prestada

Una joven a una señora mayor

lugar y fecha

Queridísima señora...:

Recordaré siempre mi agradable estancia en su casa y el cariñoso recibimiento y hospedaje que me proporcionó.
Mi madre me había hablado tanto de usted que ya la admiraba antes de conocerla; pero he podido comprobar ahora que sus alabanzas eran justificadas.
He pasado unas semanas muy gratas; usted hizo que me olvidara de lo lejos que me encontraba de casa, rodeándome de amigos y conocidos suyos, que ahora considero también míos.
He tenido ocasión de conocer a fondo su país, al que admiro. Sus gentes, sus costumbres, su lengua, en gran parte gracias a usted. Espero abrazarla de nuevo muy pronto y ahora le ruego acepte mi afecto y mi gratitud.

firma

A unos amigos en cuya casa hemos pasado unos días

lugar y fecha

Queridos....

Qué rápidamente pasaron los días que estuvimos en vuestra compañía, gozando de vuestra amistad.
Los niños no hablan de otra cosa que de vuestros hijos y de lo bien que lo pasaron en el mar. Sois unos anfitriones sensacionales, pues habéis logrado que nos sintiéramos como en casa desde el momento de nuestra llegada.

Os agradecemos muchísimo todas las atenciones que nos deparasteis y os enviamos un cariñoso abrazo.

firma

Gracias por la felicitación por un éxito obtenido

Querido Manuel:

Mucho te agradezco tu calurosa felicitación por el éxito que está obteniendo mi exposición. La verdad es que estoy sorprendido y casi intimidado; no había imaginado que el público reaccionaria tan favorablemente. El artista, tú ya lo sabes, cree en su obra, pero que los demás también crean en ella me ha cogido de improviso.
Gracias, querido Martín, por tus palabras, y gracias por haberme animado y creído en mi capacidad artística desde siempre.

Un fuerte abrazo de tu buen amigo,

Manuel

Gracias por la felicitación de un familiar
al terminar estudios

Querido tío:

Te agradezco en el alma tu carta, felicitándome por la buena calificación que he obtenido en mi Licenciatura. Tú fuiste un magnífico estudiante y sabes el sacrificio que esto ha significado para mí.
Verdaderamente estoy satisfecho, quizá peque de vanidad, pero tengo esperanzas en el porvenir, y en que todos los esfuerzos dedicados al estudio me sean útiles para convertirme en un buen profesional, consciente de mis obligaciones y mi responsabilidad social.

Abraza a tía... de mi parte; dile que este verano iré a verla, y tú recibe un entrañable abrazo de tu sobrino,

Carlos

Gracias por la felicitación al obtener un cargo importante

lugar y fecha

Querido...:

No sabes cuánto te agradezco tu sincera felicitación. Siempre te has alegrado con mis éxitos, más o menos modestos hasta el momento, y has procurado ayudarme y alentarme cuando dudaba de mi capacidad para desempeñar los puestos que se me proponían.

Ahora, querido..., sigo teniendo miedo. Es mucha la responsabilidad que recae sobre mí y dudo de ser la persona ideal para llevar a buen término lo que se me exigirá.

Pero llegó tu carta, llena de confianza, en el momento oportuno para ayudarme. No sé cuáles serán los resultados, pero sí conozco mis ganas de trabajar y ser eficaz.

Recibe un abrazo de tu amigo,

firma

Gracias por la felicitación por la suerte en la lotería, quinielas, etc.

lugar y fecha

Querido...

Gracias por tu carta de felicitación. La verdad es que todavía no he reaccionado ante la noticia. Debo de estar contento, claro está, pero no me hago a la idea.

Es curioso que dedicado tantos años al trabajo, con todas mis fuerzas y mi capacidad, no hubiera llegado a lo que vulgarmente llaman tener dinero. Mi prestigio aumentaba, pero con él se incrementaba la familia y los gastos que lleva consigo, y mis arcas continuaban bastante vacías. Ahora, de repente, yo que nunca había jugado, se me ocurre hacerlo un día, bromeando con los niños, y ¡zás!, ya está. Dicen que me pertenece mucho más del dinero que nunca hubiera podido ahorrar. En fin, lo agradezco, pero no dejo de estar desconcertado. Deseo muchas cosas, pero especialmente una, que no cambie en absoluto nuestra vida.

Saluda a tu mujer y recibe un cordial abrazo de

Luis

Gracias por la felicitación por un éxito profesional

Querido Juan:

Te agradezco de veras tu felicitación. Todo ha ido a las mil maravillas, gracias a Dios.
Si he de serte sincero, estaba tan preocupado que me costaba conciliar el sueño. No era mi prestigio profesional lo único que se ponía en juego, sino algo más importante, la vida de un hombre que confiaba plenamente en mí. Es angustioso sentir esta responsabilidad.

Te mando un cordial abrazo y mi sincera amistad.

Agradecimiento por la felicitación
por el nacimiento de un hijo

lugar y fecha

Queridos...:

Habéis acertado, somos tan felices que es imposible expresarlo. Después de diez años de matrimonio, cuando habíamos perdido casi todas las esperanzas de ser padres, llega, de pronto, la noticia de que dentro de unos meses sucederá. Y los meses han pasado y ha sucedido.
Estamos un poco asustados ante la responsabilidad que esto lleva consigo; supongo que a todos los nuevos padres les sucederá lo mismo, pero espero que la vida vaya serenando nuestros sentimientos sin que pierdan su grandiosa profundidad.

Un fuerte abrazo de

firma

Nacimiento de gemelos

lugar y fecha

Queridos...:

Agradecemos vuestra felicitación muy de veras. Nosotros estamos aún algo aturdidos, esperábamos otro hijo, no otros... Pero la verdad es que al verlos hace mucha ilusión.
Estoy, sin embargo, algo preocupado por mi mujer; encontrarse en casa con cuatro críos tan pequeños será para ella un jaleo terrible. La verdad es que está muy animada y loca con los pequeños; supongo que encontraremos alguna solución práctica; no nos asustan demasiado los problemas de esta índole; lo importante es que todos estén sanos y felices.

Un fuerte abrazo de tu amigo,

Agradecimiento por la felicitación por un compromiso matrimonial

lugar y fecha

Querida...:

Supuse que mi carta te haría ilusión. Eran tantas las horas que había pasado hablándote de Enrique, que conocía perfectamente mis sentimientos hacia él.
Por fin, un día, de repente, se puso todo en claro; también él me quería desde hacía tiempo, pero tenía sus reparos por razones completamente ajenas a mi persona. Ahora somos muy felices y esperamos poder casarnos pronto.

Tengo muchas ganas de verte. Muchas gracias por tu cariñosa carta y todo mi cariño.

María

Agradecimiento por la felicitación de boda y por el regalo

lugar y fecha

Queridos...:

Agradecemos mucho vuestra sincera felicitación y vuestro magnífico obsequio, pero lamentamos que no podáis acompañarnos el día 11.
Es una fecha tan importante que desearíamos estar rodeados de todos aquellos a los que queremos y sabemos que nos quieren. Os echaremos de menos.

Un abrazo muy fuerte de

Ana y Juan

Agradecimiento por regalos

Boda

A personas mayores que no son de la familia

Agradecemos muchísimo el magnífico obsequio que nos han enviado. Ocupará sin duda un lugar preferente en nuestro nuevo hogar, no sólo por lo mucho que nos gusta, sino por proceder de ustedes, a los que tanto apreciamos.

A unos amigos de los padres

Estamos muy agradecidos por su espléndido regalo. Era algo que siempre habíamos deseado tener. Ahora, a la ilusión de gozarlo, se unirá el grato recuerdo de ustedes.

A un amigo nuestro

Muchísimas gracias por tu obsequio. ¡Qué ilusión tan grande nos ha hecho! Siempre aciertas, pareces adivino. Esperamos poder disfrutar de él, a menudo, en tu compañía.

Un fuerte abrazo.

Tarjetas de gracias por regalos de boda

Muchísimas gracias por su obsequio
Encantados con su magnífico obsequio
Agradecidos por su acertado y bonito regalo
Agradecemos muchísimo su atención y el bonito obsequio
Agradecidísimos por su maravilloso regalo
Su regalo nos ha hecho muchísima ilusión. Gracias infinitas
Muchas gracias por su obsequio, de un gusto exquisito.

Agradecimiento por regalos de bautizo y primera comunión

Estas cartas o tarjetas las acostumbran a escribir los padres; los niños de primera comunión, en algunos casos, pueden añadir o adjuntar unas letras.

lugar y fecha

Queridos...:

Hemos recibido vuestro precioso regalo para Marta. Ella está encantada, ya sabes lo presumida que es y lo mucho que le gustan los collares y las pulseras.
Ahora os escribe ella una carta, que adjuntamos a la nuestra, para daros las gracias.

Recibid un fuerte abrazo

firma

Muchísimas gracias por vuestro obsequio para la Comunión de José. Ha estado muy contento; era un regalo que le hacía gran ilusión.

Un abrazo.

Fernando está encantado por vuestro magnífico regalo. Os damos las gracias muy de veras. Sois muy espléndidos.
Un fuerte abrazo.

Muchas gracias por vuestro bonito regalo. Tenéis un gusto exquisito y sabéis acertar con lo adecuado en cada momento.

Un cordial abrazo de

Para bautizos y nacimientos

lugar y fecha

Queridos...:

Muchísimas gracias por vuestro bonito regalo. Habéis acertado de lleno, pues el niño no tenía ninguno y había pensado comprárselo en cuanto me sintiera un poco más fuerte.
Me encantaría que pudierais venir un día a..., conocerle y poder pasar juntos unas horas. Animaros.

Un fuerte abrazo de

Gloria

Agradecemos muchísimo vuestro obsequio para el niño, pero no debisteis molestaros, de veras.

Un abrazo.

Nos ha encantado vuestro regalo, pero sois demasiado cumplidores, no teníais que haberlo hecho.

Muchísimas gracias y un fuerte abrazo.

Hemos recibido vuestro obsequio, precioso, de veras. Le sentará muy bien esta primavera.

Un fuerte abrazo.

Regalos de santos o cumpleaños

Pueden usarse los mismos ejemplos dados para todo tipo de regalos, cambiando boda por santo, etc.
Lo mismo ocurre con los regalos de Navidad.
En estas fechas suelen recibirse dos tipos de obsequios: los que provienen de familiares y amigos, y los obsequios de fuentes comerciales o relacionados con el trabajo. Estos últimos, en general, son consecuencia de algún favor hecho a alguien, o de la conducta de servicio desde el puesto que se ocupa.
Pueden también ser causa del cargo que se ostenta, con el que muchos pretenden estar a bien.

Hay quien tiene por costumbre no aceptar ningún regalo de esta índole, por no sentirse coaccionado en sus actuaciones o por considerar que un favor hay que hacerlo sin esperar compensación alguna.

Sirven prácticamente las mismas fórmulas que en los otros casos, especialmente si los obsequios vienen de amigos o familiares. Si están relacionados con el trabajo podrá agradecerse de la siguiente manera:

Agradezco muchísimo su magnífico obsequio, pero no debía de haberse molestado.

Cordialmente,

Muchísimas gracias por su atención. Un atento saludo,

Mis más sinceras gracias por su delicado obsequio, que no debía haberse molestado en enviarme.

Cordialmente le saluda.

Agradezco de veras su atención y el espléndido obsequio que me ha enviado.

Un afectuoso saludo.

Petición de favores. Encargos

Las cartas de petición de favores son extremadamente delicadas. Por una parte intimidan a quien las escribe y, por otra, resulta a menudo incómodo recibirlas.

Tendremos pues muy en cuenta no exponer la petición de forma que coaccione a quien la recibe, usando un lenguaje llano, pero convincente, que le induzca a actuar sin sentirse forzado a ello. Cuando nos dirigimos a un amigo, y el favor no es muy grande, no presenta problema alguno.

Hay que evitar el servilismo, dar la imagen de alguien que está mendigando un favor. El que alguien esté en una situación más privilegiada no significa que debamos considerarnos incapaces y mostrarnos como tal.

Cuando se trata de pedir dinero, el asunto es delicadísimo. Acostumbra a producir una reacción, de entrada, negativa. Se procurará dar siempre garantía de su devolución.

Si se solicita un favor para terceros, deberá hacerse una descripción, lo más completa posible, del amigo o familiar para el que se solicita la ayuda.

Antes de hacer un encargo o pedir un favor debemos pensar en las molestias que ello puede ocasionar. Muchas personas, por comodidad, pereza u oportunismo, están siempre molestando a los demás, intentando sacar partido a cualquier situación. El trato con esta gente resulta desagradable en extremo.

Sin embargo, es muy humano y conveniente pedir un favor cuando verdaderamente se necesita y otorgarlo produce satisfacción.

Petición de un favor a un amigo

Querido Juan:

Mi mujer y los niños han de desplazarse a La Coruña el día 7 de abril para visitar a la madre de Rosa, muy delicada últimamente. No hemos podido encontrar billetes para el avión, ya que coincide el viaje con las vacaciones de Pascua, por lo que se ven obligados a viajar en ferrocarril.

Pasarán varias horas en Madrid desde la llegada del tren procedente de... hasta la salida del expreso de La Coruña, y lo peor del caso es que deben cambiar de estación.

Te agradecería, si te es posible, fueras a buscarlos y les ayudaras a hacer el cambio; ella lleva los tres niños pequeños y conoce poco Madrid. Espero no sea demasiada molestia para ti. En espera de tus noticias te mando un abrazo.

Afirmativa:

Querido Mateo:

Encantado iré a por tu mujer e hijos a la estación; será un placer para mí pasar un rato con ellos. Lo mejor será que estén en casa las tres o cuatro horas de espera y coman con nosotros.

Un fuerte abrazo, y ten la seguridad de que les esperaré en la estación a las 12 del día 7.

Negativa:

Querido Mateo:

Siento mucho no poder complacerte; cree que me gustaría poder hacerlo y charlar un rato con tu mujer y conocer a los pequeños, pero este día no estaremos en Madrid, lo que lamento profundamente.

Un fuerte abrazo de tu amigo,

A un amigo influyente

Querido...:

Siento mucho molestarte para pedirte un favor, pero es sumamente importante para mí, y tú eres la única persona a la que puedo recurrir.
Tengo mucho interés en ocupar el cargo de... vacante en...
Creo que estoy ampliamente capacitado para ello, y representaría un importante paso en mi carrera.
Quisiera de ti, como buen amigo que eres mío y del Sr..., Gerente de la Empresa, le hablaras de mí y me concertaras una entrevista.
Espero que no te cause muchas molestias hacerme la gestión, que te agradezco de veras por lo mucho que puede representar en mi porvenir profesional.

Un fuerte abrazo de tu amigo,

Afirmativa:

Querido...:

Con mucho gusto he llamado al Sr..., para hablarle de tus deseos. Encantado te recibirá el próximo lunes, a las 10 de la mañana, en su despacho de...
Creo que ha tenido otras solicitudes para el puesto, pero me ha prometido que estudiará tu oferta con gran interés.

Mucha suerte y hasta siempre; un abrazo.

Negativa :

Querido...:

Lamento muchísimo no poder ponerte en contacto con el Sr...
Ciertamente, es buen amigo mío, pero tengo como norma no
mezclar la amistad con asuntos profesionales.
No creas que no quiero complacerte, pero va contra mi manera de pensar. De todas maneras, pídele una entrevista, y
dile que eres buen amigo mío. Si me pregunta, se lo confir-
maré.
Siento no poder hacer más por ti; pero te deseo mucha
suerte.

Un abrazo,

Petición de favor para un hijo a una persona influyente

Distinguido amigo:

No quisiera molestarle con mi carta, pero el asunto tiene
tanto interés para mí que, dada la buena relación que nos
une, he decidido escribirle.
Mi hijo... acaba de terminar la carrera de... y está buscando
trabajo. Creo que en su departamento hay muchos puestos
de técnicos, y me pregunto si alguno de ellos estará vacante.
No quiero se vea obligado a aceptarle por el mero hecho de
ser mi hijo, concédale una entrevista y podrá apreciar las
dotes del muchacho.
Le doy las gracias por el interés que no dudo se tomará, y
le envío un cordial saludo.

Afirmativa:

Distinguido amigo:

Con mucho gusto intentaré buscar un puesto para su hijo, y creo muy acertado que venga a verme una mañana a mi despacho. He avisado a la secretaria para que le dé hora cuando llame.
No sé si en mi departamento habrá alguna plaza que pueda ocupar, pero tenga la seguridad de que haré cuanto esté en mi mano para encontrarle algo de acuerdo con sus conocimientos y preparación.

Un cordial saludo.

Negativa:

Distinguido amigo:

Con mucho gusto le complacería si estuviera en mi mano hacerlo, pero todos los puestos en el departamento son por oposición y no puedo hacer una excepción, aun tratándose de su hijo.
Si está interesado en trabajar con nosotros, que pase a buscar un temario de oposiciones, las cuales tendrán lugar dentro de medio año, y se presente a ellas. Es todo cuanto puedo hacer.

Reciba un cordial saludo.

Pedir un aval a un amigo

Querido...:

Siento escribirte para pedirte un favor; tú bien sabes que no es mi costumbre, pero me encuentro en un serio apuro.
Tengo gran cantidad de facturas impagadas, que han puesto mi economía en estado crítico; las gestiones con los clientes para que las hicieran efectivas no han dado resultado. El momento es malo y todos me solicitan el aplazamiento de los pagos.

Lo peor es que yo también debo hacerlo; compré una máquina de más de un millón de pesetas, y he de abonar setecientas mil el mes que viene.

He solicitado un crédito bancario por valor de un millón, y necesito un avalista. ¿Podrías ser tú? Pienso liquidar el crédito tan pronto como me sea posible.

Espero tus noticias y te mando un abrazo.

Jorge

Afirmativa:

Querido Jorge:

Con mucho gusto te avalaré, pero siento te encuentres en una situación algo difícil. Me alegro que hayas recurrido a mí. Los amigos estamos para eso, no únicamente para cenar algún sábado por la noche.

Llámame y quedamos en el día que debo acompañarte al Banco.

Hasta entonces, un abrazo.

Negativa:

Querido Jorge:

No sabes cuánto me agradaría poder ayudarte, pero mis asuntos tampoco marchan muy bien esta temporada. No me es posible adquirir nuevas responsabilidades económicas, de veras. Cree que lo siento, y te ruego me disculpes.

Un abrazo,

A una amiga pidiéndole un favor

Querida Carmen:

No quisiera molestarte, pues ya sé lo ocupada que estás siempre; sin embargo, sólo tú puedes solucionarme el problema.

He recibido carta del Ayuntamiento, dándome un plazo para

arreglar la pared de la parte trasera del patio, que, según ellos, puede un día causar un disgusto a algún transeúnte.

A mí me es imposible desplazarme a... durante este tiempo, por lo que he pensado que quizá tú podrías solucionármelo. Te agradecería fueras a ver al albañil, Fernando, y decidierais con él el trabajo a realizar. Te adjunto fotocopia de la carta del Ayuntamiento.

Espero no abusar de tu amabilidad, y te mando un fuerte abrazo

Afirmativa:

Querida Mercedes:

No es ninguna molestia para mí encargarme de lo que me pides; lo haré encantada.

Hoy he hablado con Fernando, el albañil, y me ha dicho que mañana irá a ver en qué estado se encuentra la pared. Le acompañaré y le pediré el presupuesto. Te tendré al corriente de todo.

Un fuerte abrazo de,

                                                    Carmen

Negativa:

Querida Mercedes:

Lamento en el alma no poder complacerte, y quisiera que lo comprendieras. El año pasado mi marido y el albañil tuvieron unas pequeñas diferencias y prácticamente ahora no se dirigen la palabra. Aunque parezca absurdo, yo actúo de igual manera, ya sabes cómo son en este pueblo.

Creo comprenderás el motivo por el que no puedo ayudarte. ¿Por qué no escribes directamente al albañil?

Te ruego me perdones. Un fuerte abrazo.

A un amigo pidiéndole nos envíe una partida de nacimiento

Querido...:

Siento molestarte por una cosa tan insignificante, pero espero
que no te cause demasiada extorsión en tu trabajo.
Estoy arreglando el papeleo para... y necesito una partida de
nacimiento. Ya no queda nadie de mi familia en... por lo
que se me ha ocurrido que quizá tú podrías hacerme la gestión.
Puedes enviármela contra reembolso. Te agradeceré lo hagas
lo antes posible, pues se me está acabando el plazo de presentación de los documentos.
Espero puedas hacerme el favor, que te agradezco en el alma.

Un abrazo.

A un pariente solicitando presente unos documentos

Querido...:

Cuando nos vimos la última vez te hablé de mis deseos de pre-
sentarme a las oposiciones de... Se han convocado hace poco
y tengo ya la documentación completa exigida.
Quería enviarla por correo certificado, pero, si no es mucha
molestia para ti, preferiría se presentara personalmente y tener de inmediato el resguardo de entrada.
Me he tomado la libertad de enviártelo, confiando en que podrás hacerlo sin que te represente mucha extorsión.

Te lo agradezco de veras, y en la espera de tus noticias, te
mando un abrazo.

A un amigo o familiar pidiéndole a alguien para ocupar un puesto de trabajo

lugar y fecha

Querido...:

El día que estuvimos charlando en... me hablaste de las dificultades que tenían los jóvenes de... para encontrar trabajo.
Ahora yo tengo una vacante de..., y antes de poner un anun-

cio en el periódico he pensado en lo que me dijiste y en la posibilidad de que lo ocupara algún muchacho de nuestro pueblo.

Necesito un hombre trabajador, con bachillerato y muy responsable. Tiene que tener buen trato y carácter, ya que estará en contacto con el público.

La remuneración será de... ptas. netas anuales y el horario 9 horas diarias de lunes a viernes.

En espera de tus noticias, te mando un cordial saludo.

Rogando nos informen sobre precios de apartamentos o casas de veraneo

Querido...:

Hace mucho tiempo que no te veo por... y echo de menos las agradables charlas que de vez en cuando teníamos en el café... cuando venías para resolver tus asuntos.

Te escribo para pedirte un favor. A mi mujer se le ha metido en la cabeza ir a veranear al lado del mar, y queremos encontrar un apartamento o una casita para los cinco que somos de familia.

Te agradecería me miraras algo por ahí; siempre me ha gustado esa parte de la costa y deseo enseñársela a mi esposa. Quisiera saber precios y condiciones para el mes de agosto.

Espero no darte muchas molestias con mi petición, y te mando un fuerte abrazo.

Encargándole la compra de un regalo de boda para un amigo

fecha

Querido...:

Creo que el próximo día... nos encontraremos en la boda de..., a la que estamos invitados todos los compañeros de la promoción de... Es una idea magnífica que supongo sabremos todos aprovechar al máximo.

Quisiera pedirte un favor con respecto al regalo de boda. Creo que... tiene lista en una tienda de esa ciudad, a la que supongo deberás acudir tú también; te agradecería te encargaras, si no te molesta, de comprarle un regalo en mi nombre, que oscile entre las... y las... pesetas.

En cuanto me comuniques el importe exacto te mandaré inmediatamente un giro.

Muchas gracias por todo, y en la espera de verte pronto, recibe mi cordial abrazo.

firma

Pidiendo información sobre escuelas

lugar y fecha

Queridos...:

Hace unos días, hablando con mi marido del tiempo que hace que no os hemos visto, se nos ocurrió que quizá vosotros podríais ayudarnos.

Este año los dos mayores empiezan el bachillerato, y nos gustaría que lo cursaran en un buen colegio, en un ambiente más apropiado que el del pueblo; pero estamos algo despistados en cuanto a buenas escuelas de esa ciudad se refiere. Vosotros, con tantos niños, y metidos como estáis en el ambiente intelectual, podréis quizás aconsejarnos sobre las que os parezcan mejor.

Desearíamos que fueran de mentalidad abierta, pero que conservaran el sentido de la educación y del respeto, cosas que, por desgracia, no son frecuentes hoy en día.

Nos agradaría también que se hicieran cargo de la formación religiosa; ya que creemos necesario que la reciban a un nivel extra-familiar.

Esperamos no causaros muchas molestias con nuestra petición, y os mandamos un fuerte abrazo y muchos besos para los niños.

firma

Petición a un sacerdote amigo para que celebre la boda

Si es amigo de los padres o una persona mayor:

Reverendo D...:

Querido padre:

Quizá le hayan contado nuestros padres que queremos casarnos muy pronto, precisamente dentro de un par de meses.
Es muy importante este momento, y quisiéramos vernos rodeados de todos aquellos a los que queremos y admiramos.
Usted no puede faltar; además de invitado predilecto, quisiéramos que celebrara la ceremonia religiosa y bendijera nuestro enlace. ¿Podrá arreglarlo?
Le agradeceremos nos diga si tiene especial preferencia o inconveniente en alguna fecha de la segunda mitad de abril, pues debemos concretar de inmediato el día en el hotel donde se celebrará la recepción.

Esperamos sus noticias y le mandamos un afectuoso saludo.

A un sacerdote amigo de los contrayentes

Rvdo. D...

Querido...:

Ya te comentamos nuestro deseo de casarnos la próxima primavera, y que fueras tú quien bendijeras nuestra unión.
Nos gustaría que nos escribieras para confirmarnos tu asistencia y ponernos de acuerdo en la fecha exacta. A nosotros nos agradaría el último viernes del mes, y de no serte posible, el sábado siguiente.

Esperamos tus noticias y te mandamos un cordial saludo.

Relaciones, noviazgo y boda

De un joven que ha conocido a una muchacha que le agrada

Querida Matilde:

Supongo que no te extrañará recibir noticias mías, pues la buena amistad y entendimiento que se inició entre nosotros la semana pasada, no podía quedar truncada, de repente, por el hecho de que me fuera a continuar mi servicio militar.
Han sido muy pocas las veces que me he sentido tan a gusto con una chica... La verdad es que siempre tengo algo que decirte y comentarte, pues tú pareces comprenderlo todo y estar interesada por todo.
Me gustaría mucho que me escribieras; serían menos largos estos meses que tardaré en volver a...

Te recuerdo mucho, y te mando un cariñoso saludo.

Manolo

Respuesta:

Querido Manolo:

Yo también sentí que te fueras tan pronto. Me encontraba bien a tu lado, y me dije serían unas vacaciones estupendas si las pasabas con nosotros: pero tuviste que marcharte.
Estoy contenta de que me hayas escrito. Me siento cómoda cuando estoy contigo y charlamos; no me veo obligada a fingir y a hablar de estupideces como con la mayoría de los otros chicos que trato. Parece que te conozca desde hace mucho tiempo.
Desearía que estos meses que te restan de Servicio Militar pasaran volando y pudieras de nuevo salir con nosotros.

Adiós. Manolo. Me alegró mucho tu carta.

Matilde

Respuesta negativa:

Querido Manolo:

Agradezco mucho tu carta y las cosas agradables que en ella dices de mí, pero no podré complacerte en tu deseo de que nos carteemos.

Hace unos meses que estoy en relaciones con un chico de... En mi casa todavía no lo saben, por esto no comenté nada contigo; creo que no le gustaría que nos escribiéramos, aunque fuera sólo como buenos amigos. Sería distinto si se tratara de una vieja amistad, pero, tal como han sido las cosas, creo que se sentiría celoso.

De veras lo siento. Quisiera, sin embargo, que me consideraras una buena amiga, y me encantaría que te incorporaras de nuevo al grupo cuando volvieras.

Un cordial saludo de

Matilde

Para iniciar una relación más seria

lugar y fecha

Querida Matilde:

Cada día estoy más impaciente por recibir tus cartas. La primera impresión que tuve de ti se ha ido confirmando durante estos meses, a través de nuestra correspondencia. Nunca he encontrado una muchacha como tú, tan alegre, buena, cordial, inteligente y, por si fuera poco, bonita.

Creo que me estoy enamorando de ti. Es una palabra que me asustaba decirte, pero ahora me ha salido de la pluma espontáneamente, sin pensarlo. No puedo rectificar, no quiero hacerlo; sería como avergonzarme de algo muy hermoso.

Quisiera creer que tú sientes algo parecido por mí. Hay momentos en que, pensando que es así, voy sonriendo por la calle. La gente creerá que estoy loco, y quizá tengan razón.

Escríbeme, querida Matilde, y dime si puedo sentirme feliz, y si tú sientes lo mismo. Si no fuera así, contéstame también; sé sincera, háblame.

Un fuerte abrazo de

Manolo

Respuesta afirmativa:

lugar y fecha

Querido Manolo:

Tu carta me ha llenado de ilusión; hace ya algunos días que esperaba me dijeras estas cosas. Yo también me he ido enamorando de ti, y a veces temía, ante tu silencio, no ser para ti más que una buena amiga.

Puedes sonreír tranquilo. Yo también lo hago a menudo, y, si alguien piensa que estoy chiflada, es la verdad, no se equivocan.

No sé qué pasará dentro de un tiempo, y si nuestras vidas seguirán el mismo camino, pero estos momentos son maravillosos, y por nada del mundo querría no haberlos vivido.

Me gusta mucho escribirte y leer tus cartas, pero ya tengo ganas de verte, de hablarte, de que estés cerca de mí.

Recibe un abrazo muy entrañable de

Matilde

Respuesta negativa:

lugar y fecha

Querido Manolo:

Tu carta me ha sorprendido un poco. Si bien es cierto que sentía me apreciabas mucho, no llegué jamás a pensar que este aprecio se convirtiera en amor. Nuestra amistad había sido tan desinteresada, tan ajenos todos los problemas que tratábamos que, si bien en algún momento se me planteó la cuestión, la rechacé de inmediato convencida de que sentías por mí lo mismo que yo por ti.

Siempre te he considerado un amigo maravilloso; pero mis sentimientos no trascienden más allá. No sabes cuánto lo siento y me duele decírtelo.

Temo que estas últimas cartas perjudiquen nuestra maravillosa amistad, sentimiento hermoso y desinteresado, que siempre querría compartir contigo.

No quiero entristecerte; lo que siento por ti puede ser tan grande como el amor, pero es distinto.

Recibe un abrazo de

Matilde

Rotura de noviazgo

lugar y fecha
Querida Matilde:

Hace varias semanas que no dejo de pensar en nuestras relaciones, y me tienen muy preocupado. Creo que los dos hemos cambiado, que somos distintos del día en que nos prometimos amor. Cambiar es bueno si une, pero a nosotros nos ha separado; no hemos aprendido a vivir el uno para el otro.
No sé si a ti te ocurrirá lo mismo, o si mis palabras te dolerán profundamente; por nada del mundo quisiera hacerte daño a ti, que tan feliz me has hecho y tan buena eres.
Quizá mi actitud interior cambie con el tiempo, pero hace ya demasiadas semanas que me invade una total apatía y desgana, que no puedo ocultarte.
Somos muy jóvenes todavía y es difícil a nuestra edad saber lo que se quiere; yo navego sin rumbo. Perdóname, querida.

Te abraza

Manolo

Respuesta lamentándolo:

lugar y fecha
Querido Manolo:

Tu carta heló la sangre en mis venas. Es cierto que desde hace algún tiempo he venido notando algo extraño en ti, pero no le di importancia pensando sería una crisis pasajera. Ahora me doy cuenta de lo seria que ha sido, y lamento no haberme dado cuenta antes para ponerle remedio o, de no tenerlo, interrumpir unas relaciones que habían perdido todo sentido.
No te preocupes por mí; sabré superarlo. Pero es muy duro sentirte una, cuando tanto tiempo te has sentido dos.

Un abrazo. y hasta siempre.

Matilde

Respuesta estando de acuerdo:

lugar y fecha

Querido Manolo:

Cuando recibí tu carta me sorprendió, pero no por el motivo que quizá supones. Hace también algún tiempo que yo me sentía insatisfecha, intranquila, y después de darle muchas vueltas, aclaré en mí la causa de todo ello.

Me sucede lo mismo que a ti. En nosotros nació una buena amistad, que confundió en amor nuestra escasa experiencia y nuestra juventud. El tiempo nos lo ha hecho ver claro.

Pero estoy contenta de haber vivido estos meses, y del recuerdo que nos quedará y, especialmente, de la amistad que no creo pueda extinguirse jamás.

Adiós, querido Manolo, hasta otro día en que tengas ganas de escribirme, no ya como a una novia, sino como a una amiga que, en el fondo, quizás es lo que haya sido siempre.

Un abrazo.

Matilde

Petición de matrimonio

lugar y fecha

Querida Matilde:

Sabes que soy muy lento en tomar decisiones; lo habrás podido comprobar después de estos meses de relaciones. ¡Imagínate si la decisión a tomar es para toda la vida!

Hace varias semanas que estoy dándole vueltas a la idea del matrimonio; me aterra, me da miedo dar un paso tan importante, pero siento una fuerza imponente que me lanza a él. Es la fuerza del inmenso amor que siento por ti.

No concibo la vida apartado de tu lado, y nuestra situación, de seguir tal como está, se convertiría en absurda y acabaría con nuestro amor. Esto no lo consentiré jamás. No podría, no sabría, no quiero vivir sin ti. Me faltaría la mitad de mi ser e iría errante paseando mi vacío por el mundo.

Nunca hemos hablado de matrimonio. ¿Tienes deseos de casarte? Dime que quieres ser mi esposa muy pronto.

Ahora parece que haya perdido el miedo. El compartir mis pensamientos contigo me tranquiliza y da seguridad. Escríbeme ahora, sin perder un minuto; estoy impaciente.

Un abrazo muy, muy fuerte de

Manolo

Respuesta afirmativa:

lugar y fecha

Querido Manolo:

¡Claro que quiero casarme contigo! ¿Lo has puesto en duda? Nunca habíamos hablado del matrimonio, es cierto, pero yo sentía en mí que se iba acercando, poco a poco, al tiempo que nuestro amor se hacía más grande.
Yo también tengo miedo, no creas, pero en la vida hay que tomar riesgos, y el tomarlos contigo me da tranquilidad, seguridad. No concibo la felicidad sin lanzarme a buscarla, y cuando se encuentra, es un crimen dejarla huir por cobardía.
Te quiero mucho, Manolo. Tengo muchas ganas de verte; hablando podremos decidir mejor la fecha, que yo también deseo sea muy cercana.

Te mando muchos abrazos y todo mi amor.

Matilde

Carta de una muchacha a un joven que no se decide a pedirla en matrimonio

lugar y fecha

Querido Manolo:

Hace mucho tiempo que nos conocemos, y nuestra amistad ha ido haciéndose más profunda en los últimos meses. Creo que sería difícil encontrar quienes se comprendieran mejor que nosotros y se quisieran más. Es hermoso ver crecer paulatinamente los sentimientos, hasta convertirse en algo inevitable, contra lo que no se puede luchar. Tú me lo has dicho muchas veces, y es cierto.
Pero hay algo que me preocupa: cada vez que la palabra ma-

trimonio se pronuncia entre nosotros. ¿Qué te ocurre? ¿Por qué no hablar claramente de ello? Comprendo que te dé miedo, a mí también me lo da, pero el miedo no es razón para dejar de actuar.

Quisiera que me hablaras abierta y llanamente. Yo, por mi parte, creo que el amor ha de tener siempre una meta, un más allá. En estos momentos le estamos poniendo barreras. Hasta ahora todo ha sido maravilloso porque ha evolucionado poco a poco; nos hemos ido conociendo y queriendo, comprendiendo. Cuando el amor es grande pide una donación completa, total; si lo limitas lo hieres.

Yo pienso así, y siento así. Si no quieres ya nada más de mí, si tienes suficiente con lo que te doy, con verme de vez en cuando, lo lamento; mi amor no admite barreras, tiene necesidad de ir creciendo siempre.

Perdona esta carta, pero sentía necesidad de escribirla, y te ruego me la contestes, sinceramente.

Recibe todo mi amor y un fuerte abrazo.

Matilde

Respuesta positiva:

lugar y fecha

Querida Matilde:

Cuán cierto es todo lo que dices en tu carta. Soy tan cobarde que hubiera permitido que nuestra situación se prolongara no sé hasta cuándo.

Yo te quiero y te necesito, bien lo sabes, y te agradezco en el alma tu carta, que me ha sacado del inmovilismo en que me encontraba. Yo tampoco tengo suficiente con verte de vez en cuando, abrazarte y contarte lo que he hecho en el trabajo. Necesito vivir contigo, compartir mis alegrías y mis luchas cotidianas, tenerte a mi lado.

No pongas en duda mi amor por haber sido reacio a casarme; a los hombres nos angustia la pérdida de la libertad, o la simple idea de que podamos perderla. Pero comprendo que es una imbecilidad, ya que libremente, ya me he atado a ti hace mucho tiempo.

Te envío un entrañable abrazo, tuyo,

Manolo

108

Respuesta negativa:

lugar y fecha

Querida Matilde:

Tu carta me ha dejado triste y pensativo. Sí, triste por ver lo poca cosa que soy, la pobreza de mi personalidad, y pensativo porque has hecho que me plantee qué será de mi vida.
Soy cobarde, no me veo con ánimos de afrontar la vida matrimonial. Perdóname, querida Matilde. Debe ser muy doloroso para ti oír esto. No sé qué me ocurre, quizás es que no te quiero con la misma intensidad que antes, no porque no lo merezcas, sino porque mi pequeñez, mi introversión, me van convirtiendo en un ser incapaz de darme a los demás. Y el matrimonio es esto, darse. Yo no tengo ganas de hacerlo.
Perdona por haberte retenido tanto tiempo a mi lado, quisiera aún retenerte si fuera posible. Me será difícil vivir sin ti, porque a mi manera, te quiero, nos entendemos bien. Sin embargo, yo no necesito más, o no quiero necesitar más.
Te ruego me disculpes y procures, una vez más, comprenderme. Pido siempre tanto...

Un abrazo y el cariño de

Manolo

Para romper un compromiso matrimonial

lugar y fecha

Querido Manolo (o querida Matilde):

No sé cómo empezar esta carta; son tantas las cosas que quisiera explicarte, que desearía que comprendieras, interpretaras... No puedo casarme, tal como habíamos planeado juntos, con tanta ilusión. No sé lo que me ha sucedido, pero la desgana y la frialdad se han adueñado de mí.
Me pregunto si será el amor que ha desaparecido; tal vez sea la única explicación que pueda encontrarle. Tú no has cambiado, no me has decepcionado. Es algo dentro de mí que no marcha. Será doloroso para ti leer estas líneas, cree que lo es también para mí escribirlas. No comprendo cómo ha podido ocurrir, y precisamente ahora, tan cerca del día señalado para nuestra boda.

Es imperdonable lo que te hago, pero peor sería, creo yo, llegar al altar sin convencimiento y darte una vida llena de insatisfacciones.

Nunca olvidaré el maravilloso tiempo que hemos pasado juntos. Desearía que para ti llegara también a ser un grato recuerdo, sin amargura ni resentimiento.

Un abrazo, y mis sinceras disculpas.

Respuesta:

lugar y fecha

Querido Manolo (o querida Matilde):

Ya puedes imaginar el dolor tan inmenso que me ha producido tu carta. Vivía con tanta seguridad en nuestro amor que no me pasó jamás por la mente que tu nerviosismo de las últimas semanas fuera debido a que ya no me querías, lo achaqué al inmenso trabajo que nos desborda.

No tengo palabras para expresar lo que siento, ni para reprocharte nada. Quizá tenga yo la culpa de tu falta de amor. Te diré únicamente que no lo entiendo. No puede ser que tanto acabe en tan poco.

Me costará olvidarte, pero he de intentarlo.

Para reanudar un noviazgo

lugar y fecha

Querida Matilde:

Te quiero. No estoy loco, no; lo estaba cuando rompí contigo pensando que había dejado de quererte; que deseaba vivir, y que casarme contigo me impediría hacerlo a mi modo. Ahora me doy cuenta de que no puedo estar sin ti, soy tan libre como deseaba, pero, ¿para qué? He llevado durante tres meses una vida agitada, alegre, pero sin sentido.

Te necesito, ahora lo sé muy bien, pero tú, ¿me quieres todavía? ¿Podrás volver a confiar en mí? Me hago mil veces estas preguntas y me aterra pensar que me hayas olvidado, que otra persona haya llenado el vacío que dejé.

Por favor, perdóname, quiéreme, no sé qué hacer lejos de ti.

Manolo

Respuesta positiva:

Querido Manolo:

He llorado mucho durante estos meses, y rogaba a Dios te hiciera ver claro. ¡Cuán agradecida le estoy por haberme escuchado!
¿Olvidarte? Imposible; aún no me había hecho a la idea de que no me quisieras, que nada de lo vivido tuviera ya sentido y se hiciera realidad.
Estoy tan contenta que no sé si reír o llorar. Soy feliz; ahora no volveremos a separarnos, pues la prueba ha sido demasiado dura para los dos.
Te quiero mucho, tanto, más que antes si cabe. Ven pronto; espero tu llegada con los brazos muy abiertos.

Matilde

Negativa:

lugar y fecha

Querido Manolo:

Me ha entristecido mucho recibir tu carta, pensando lo feliz que me hubiera hecho unos meses antes... Me pediste que te olvidara, y te quería tanto que para no morir de tristeza tuve que intentarlo. Mentiría si te dijera que lo he conseguido. No, queda algo todavía en mí, pero distinto.
He perdido la confianza, la seguridad; me daría miedo volver a empezar porque viviría siempre en mí el temor de perderte de nuevo. Estoy decepcionada, cansada. No podría darte lo que esperas de mí. Lo siento mucho, de veras; sería tan maravilloso que todo fuese como antes... Sin embargo, es distinto; quizá sea yo la que ha cambiado, no sé. Hasta siempre, un abrazo.

Matilde

Otra negativa:

lugar y fecha

Querido Manolo:

Tu carta ha llegado con algún retraso. Durante muchas semanas estuve esperando tu reacción, en vano. Al fin decidí olvidar. Tenía derecho a vivir, y obligación de hacerlo.
Salgo con un grupo y hay un muchacho que se interesa por mí. No sé cómo acabará, pero a mí también me agrada. De momento no es igual que lo que sentía por ti, pero aquello no sé si seré capaz de volver a sentirlo de nuevo. Ahora estoy tranquila, serena, es una felicidad distinta, puede que menos romántica, pero no por ello menos profunda.
No podría casarme ahora contigo, Manolo; aquello pasó y me dejó un sabor muy amargo. Perdona, lo siento de veras y espero que seas feliz.

Matilde

Para participar a los padres el inicio de unas relaciones

Queridos padres:

Es difícil, al encontrarnos lejos, teneros al corriente de todos los pormenores de mi vida. Pero ahora me está ocurriendo algo verdaderamente importante y quisiera que participarais de mi alegría y me dierais vuestra opinión.
Desde hace varios meses estoy saliendo con un muchacho encantador. Al menos a mí me lo parece. Tiene un buen empleo en... empresa muy importante de la ciudad. Su familia es sencilla, pero ha sentido siempre gran preocupación por la buena educación de sus hijos. Sus esfuerzos se han visto recompensados, pues todos ellos están muy considerados y estimados en sus puestos de trabajo.
Se llama..., es bueno, inteligente y honrado; no se puede pedir nada más. Para mí es el hombre más completo de todos los que he tratado, y me quiere, nos queremos mucho.
Hace relativamente pocos días que me ha declarado su amor y yo le he correspondido, es por ello que no os lo comuniqué antes.
Quisiera, queridos padres, que os alegrarais conmigo, que participarais de mi felicidad. Espero ansiosa vuestras noticias y vuestro parecer.

Os abraza y os quiere,

Matilde

Respuesta:

Querida hija:

Nos alegró mucho recibir tu carta y saber que te sientes tan feliz. Deseamos en el alma que todo cuanto dices sea cierto, que no te haya deslumbrado el amor y no te deje ver las cosas claramente. Pero tú siempre has sido una muchacha responsable y juiciosa y estamos seguros que cuando has dado este paso es porque lo conocías a fondo.
Nos encantaría conocerle, sería estupendo que lo trajeras algún fin de semana, si no resulta violento todavía para él. Lo dejamos a tu juicio, ya sabes que confiamos mucho en ti.

Recibe un abrazo y todo el cariño de tus padres.

Otro ejemplo de participación de inicio de relaciones

Queridos padres:

Hace tiempo que estoy muy enamorada de un compañero mío de trabajo. No os lo he comunicado antes porque no sabía hasta qué punto iban o no en serio las relaciones.
Es un hombre inteligente, pero algo bohemio. Empezó Derecho hace unos años, pero dejó sus estudios porque le gustaba más llevar una vida más improvisada y no atada a tantos convencionalismos. Cuando le conocí escribía teatro, pero ganaba poco dinero, ya sabéis qué es esto de ser escritor. Pude convencerle para que aceptara un puesto que había vacante en la empresa y me hizo caso; parece que está contento. Yo procuro animarle para que acabe la carrera y espero conseguirlo.
Nos queremos mucho y el amor le da fuerza para tomarse más en serio la vida. ¿No es hermoso?
Se llama..., y tiene... años. Su familia procede de..., y su padre era...
Espero ansiosa vuestras noticias y quisiera que estuvierais tan contentos y confiados en mi porvenir como lo estoy yo.

Os abraza muy fuerte vuestra hija que no os olvida.

Respuesta:

Querida hija:

Estamos muy contentos de que seas feliz, pero no seríamos sinceros contigo si ocultáramos nuestra preocupación ante la inseguridad de vida que puede ofrecerte este muchacho.
Y piensa que no nos referimos a la inseguridad económica; ésta es importante, pero la que de verdad cuenta es la sentimental, la familiar.
Asegúrate de que sea un muchacho que no se canse de sus deberes una vez tomada una decisión. Para ti sería muy triste ver que deja de nuevo su trabajo, que no le interesa continuar la carrera y que vuelve a la vida bohemia sin saber nunca lo que va a hacer mañana.
Puede que todo esto te parezca muy conservador y propio del deseo de los padres de encontrar para sus hijos lo que desearon para ellos mismos. Te rogamos sólo que pienses en ti, en cómo reaccionarías si esto sucediera, si te haría infeliz, y en las posibilidades que tiene el chico de encontrarse bien en la forma de vida que tú parece le vas induciendo a llevar.
Tráelo a pasar unos días con nosotros, nos encantará conocerle y si te parece, podremos darte nuestra opinión acerca de él. Es difícil aconsejar conociéndole sólo a través de tus palabras de joven enamorada.
Adiós, querida hija; cuenta siempre con nosotros que ya no deseamos más que realicéis vuestra vida con plenitud y felicidad.

Te abrazan muy fuerte tus padres que te adoran.

Un hijo demasiado joven se ha puesto en relaciones; sus padres lo han sabido y le escriben preocupados

Querido hijo:

Hace tiempo que no nos escribes y no sabemos nada de la marcha de tus estudios; quisiéramos que fueras algo más comunicativo y nos tuvieras al corriente de tus cosas. Nos preocupa el que estés lejos, y que no encuentres, quizá, las personas adecuadas a las que poderles consultar tus problemas. El otro día nos dijeron que tenías novia. Que la habías presentado como tal. La muchacha es guapísima, pero algo mayor que tú; fue el comentario que nos hicieron. Imagina lo mucho que esto nos ha preocupado. No es que dudemos de tu buen gusto y acierto en escoger, pero debes pensar primero en la carrera y en convertirte en un verdadero hombre antes de comprometerte en serio con una chica.

Quizás ésta sea de las que ayudan a sus novios a estudiar y a salir adelante, pero, en general, a las chicas, cuando no son muy jóvenes, no les gusta perder el tiempo con chiquillos que deban esperar todavía años en casarse y tener una posición suficiente para salir adelante con una familia. O se cansan de ellos o les empujan a encontrar un trabajo que les permita ganarse pronto la vida, aun en perjuicio de los estudios.

Quizá todo lo que te decimos te parecerá monstruoso, a nosotros también nos lo hubiera parecido si alguien nos hubiera hecho estas reflexiones cuando teníamos tu edad. Pero la vida hay que verla con perspectiva, hijo, y esto es difícil hacerlo a tus pocos años.

Quizá la muchacha es maravillosa y estaremos orgullosos de tenerla por nuera, pero para darnos tranquilidad, escríbenos y cuéntanos cómo es, cómo están las cosas entre vosotros; así podremos comprenderte y, si nos lo permites, aconsejarte.

Un abrazo muy fuerte de tus padres que te adoran.

Un joven escribe a sus padres para comunicarles que tiene novia

Queridos padres:

Tengo una buena noticia que daros, espero poneros contentos, tanto como yo lo estoy. Me he enamorado.

Es una chica adorable, que se llama..., tiene... años y estudia... Me gustó desde el momento en que la vi, pero ya sabéis las pocas ganas que tenía de complicarme la vida, así que me resistí cuanto pude a dejarme llevar por mis ganas de salir siempre con ella.

Al fin llegó lo inevitable, otro muchacho que también la rondaba, dispuesto a todo. Tuve que dar la cara si no quería perderla. Ahora estoy contento y avergonzado conmigo mismo de haber sido tan imbécil queriendo nadar y guardar la ropa, como vulgarmente se dice.

Un día podríais venir a..., y salir juntos a comer o cenar. Prefiero que la conozcáis antes de invitarla a pasar unos días en casa; para ella será mucho menos violento.

Os mando un fuerte abrazo y mi cariño.

Respuesta:

Querido hijo:

Cuánto nos alegra que por fin te hayas decidido a compartir tu vida con alguien, si este alguien es, como tú dices, un ser encantador, lleno de cualidades.

Ya nos tenías un poco preocupados, pues no es lógico que un muchacho de tu edad no tenga novia. Corre el riesgo de tomarse la vida con demasiada comodidad y convertirse luego en un solterón irremediable.

Dentro de un par de semanas intentaremos ir a... y salir con vosotros. Creo que estaremos tan violentos y emocionados como ella. Nos parece magnífica esta idea que has tenido; luego saldrá espontáneo el que la invitemos a pasar unas vacaciones en casa.

Nuestro más cariñoso abrazo y nuestro amor.

Advertencia de unos amigos sobre la mala conducta del novio de su hija

Queridos...:

No es demasiado grato para nosotros escribiros por un motivo tan poco agradable, pero los buenos amigos están para todo, y creemos nuestro deber advertiros acerca de Félix..., el novio de vuestra hija...

Hace poco estuvimos viajando por España y nos detuvimos unos días en la provincia de... Casualmente oímos hablar de la familia... Asociamos inmediatamente este nombre con el

116

de tu futuro yerno, y al coincidir también el lugar de procedencia pusimos máxima atención, e inquirimos, sin decir qué relación nos unía, sobre el particular.

Resulta que su padre no ha tenido una conducta demasiado intachable en cuanto a la moralidad de sus negocios respecta, y parece ser que el hijo tuvo también sus cosillas antes de ir a Madrid. Precisamente se marchó aconsejado por su padre, para echar tierra a un asunto algo feo, de tipo económico también.

Sería muy conveniente que os informarais por otras fuentes, puede que lo que nos han contado no sea del todo cierto, o que el muchacho haya cambiado totalmente. De todas formas hemos creído nuestra obligación comentároslo, no sólo por el afecto que nos une, sino porque vuestra hija... merece encontrar un hombre que la pueda hacer feliz, y esté a su altura.

Perdonad nuestra intromisión y recibid un abrazo de

firma

Petición de informes sobre un joven, o una joven, que se ha puesto en relaciones con nuestra hija o hijo, al párroco de su pueblo

Rvdo. Sr. Párroco:

Perdone la molestia, pero no conocemos a nadie en ese pueblo y quisiéramos obtener algunas referencias de un joven que se ha puesto en relaciones con nuestra hija.

Hace ya varios años que vive en..., pero al residir ahí todavía sus padres, y venir él con frecuencia, suponemos que le será fácil averiguar sobre el particular, de no conocerlo ahora personalmente.

Se trata de..., hijo de..., que vive en la calle... El chico dejó su pueblo al terminar el colegio, dirigiéndose a... donde le ha conocido nuestra hija.

Rogamos nos disculpe por la molestia que le ocasionamos, pero el porvenir de nuestros hijos es lo que más nos importa en el mundo.

Con gracias anticipadas, le saludamos muy atentamente.

firma con nombre y apellidos

Varios de relación familiar

A una hija que hace tiempo no escribe a sus padres

Querida hija:

Nos tiene muy preocupados tu silencio; ya nos conoces, todos los padres somos unos pesados y tenemos la costumbre de vivir pendientes de los hijos. Te parecerá natural el día que tú los tengas.

¿Cómo va tu trabajo? ¿Sigues estudiando? Tres meses sin saber de ti nos parecen una eternidad. Alguien nos ha dicho que estás bien y te diviertes mucho. Ojalá sea cierto si lo compaginas debidamente con lo demás, pero es difícil pasarlo bien, trabajar y estudiar: algo se resiente siempre. Vale la pena que hagas un pequeño esfuerzo y termines la carrera cuanto antes; eres joven todavía; si los estudios quedan atrás cuesta mucho ponerse al día. Te sentirías frustrada si no acabaras la carrera, te conocemos.

Escríbenos, por favor, cuéntanos de tu vida, que nadie mejor que nosotros sabrá comprenderte.

Te mandamos todo nuestro cariño y muchos besos.

A una hija o hijo que ha caído enfermo

Querido hijo:

Nos han dicho que últimamente no te encuentras demasiado bien; ¿es eso cierto? ¿Qué te ocurre? ¿Por qué no nos has dicho nada? Tú siempre temes molestar, pero a los padres jamás se les molesta. No te podemos llamar por teléfono porque no tienes en la pensión, pero llámanos tú, no nos tengas en la angustia de pensar que te está ocurriendo algo y nosotros estamos lejos de ti.

Si no llamas, mamá tomará el tren e irá a verte.

Esperamos tu llamada y te mandamos un abrazo lleno de cariño.

Petición de permiso a los padres para ir de viaje de estudios

Queridos padres:

Como es costumbre en el colegio cada año, los que terminan el bachillerato, organizan un viaje de fin de estudios.
No vamos muy lejos, y hemos pedido a uno de los profesores que nos acompañe. Estábamos dudando entre ir a... o a...; por votaciones ha salido...
Nos hace mucha ilusión, pues lo venimos planeando desde hace un mes y la agencia de viajes ya nos ha mandado el itinerario y el presupuesto. Vale tan sólo... ptas. Sin contar las comidas, claro. Está únicamente incluido el hotel y el desayuno, además de los viajes. En comidas gastaremos poco; pensamos comprarnos bocadillos o tomar platos combinados. Hemos calculado que con... ptas. más tendremos suficiente.
Espero, queridos papás, que me dejaréis ir; no he sido mal estudiante y sería una buena despedida de todos los compañeros del curso. Además, siempre me habéis hablado de lo interesante que es..., no podéis negarme ahora el que lo conozca, ¿verdad?

Espero ansioso vuestras noticias y os mando un fuerte abrazo.

Contestación del padre a un hijo que quiere dejar los estudios

Querido...:

He recibido tu carta y me ha dejado consternado. Nunca hubiera imaginado que después de los enormes esfuerzos que hemos hecho todos por tu educación, incluyéndote a ti mismo, quieras ahora dejarlos, de repente, sin más razón que el haberte cansado de estudiar.
Creo que haces muy mal; es muy necesario hoy en día tener un título; tú siempre lo has dicho también. No te pido que luego curses una carrera, aunque me gustaría mucho, pero lo que sí debes hacer es terminar tu bachillerato y estar en posibilidad de ingresar en la Universidad. Estoy seguro que dentro de un tiempo desearás obtener un título superior y te arrepentirías de no haber finalizado completamente ahora tus estudios.

Ya sabes que nunca me gusta forzaros, pero esto no voy a admitirlo. Debes terminar; luego ponte a trabajar en lo que quieras y madura tu decisión de ingresar o no en la Universidad; el tiempo te lo hará ver más claramente.

Ahora sigue en el Instituto y estudia; son sólo seis meses los que te faltan, y trabajos tan buenos como los que te han ofrecido te saldrán siempre. En el fondo es pereza de estudiar lo que tienes. Te pido sólo estos seis meses, y el aprobado final. Por la experiencia que tengo de la vida creo que estoy obligado a exigírtelo.

Un fuerte abrazo de tu padre que mucho te quiere,

A un hijo que quiere cambiar de trabajo

Querido hijo:

Hasta ahora había siempre pensado que te encontrabas a gusto en tu trabajo, por lo que me ha sorprendido mucho tu carta. Creo que es bueno mejorar, pero asegúrate de que vayas a hacerlo con el cambio de empresa. Aquí siempre te han considerado mucho, y esto es importante; además os pagaban relativamente bien. Me dolería que te arrepintieras de dejarlo y luego te lamentaras de ello.

No quiero decir con lo expuesto que no lo apruebe, han sido sólo unas pequeñas reflexiones que me he atrevido a hacerte, ya que me preguntaste al respecto. Si tú lo has pensado bien, cambia. Eres joven para poder arriesgarte, y no tienes a nadie que dependa de ti, pero analiza bien las ventajas que tu decisión puede proporcionarte.

Un fuerte abrazo de tu padre que te quiere y te desea toda la suerte.

Un padre escribe a su hijo que ha obtenido malas notas

lugar y fecha

Querido Luis:

He recibido tus notas correspondientes al pasado trimestre, y las observaciones que el director ha hecho sobre ti; como puedes suponer, estoy muy descontento.

Has sido siempre un muchacho aplicado y trabajador, y no comprendo cómo, precisamente ahora, a punto de terminar tus estudios, cuando mejor debías prepararte para tu ingreso en la Facultad (o en el mundo del trabajo), actúas de manera tan irresponsable.

Comprendo que estás en una edad muy difícil, que te cuesta no dejarte llevar por las ganas de vivir y divertirte, pero, hijo, ten sentido común, y date cuenta de que estás labrando tu porvenir, que tu futuro depende en gran parte del buen aprovechamiento de estos años de estudio.

No voy a recurrir a amenazas ni a castigos; sabes que odio convencer a la fuerza; sólo te pido que reflexiones, que es tu vida la que está en juego, no la mía.

Quizá pienses que exagero, que un mal curso no tiene demasiada importancia, pero puede crear en ti un hábito que te será difícil sacarte de encima.

Espero que hagas un esfuerzo en estos dos últimos meses del curso, que procures sacarlo limpio, como cada año; tú serías el primero en lamentar que no fuera así.

Recibe un fuerte abrazo de tu padre que mucho te quiere.

firma

Al director de la Escuela preguntando por el comportamiento de un hijo

Sr. Director de...
....
....

Distinguido señor (o Sr. Director):

Perdone que le moleste, pero al serme sumamente difícil trasladarme a... para las reuniones de padres, le agradecería me diera su opinión sobre el comportamiento y aprovechamiento de mi hijo...
Sus notas no son malas, pero he observado algunas irregularidades que no comprendo, y sobre las cuales me gustaría conocer su punto de vista.
Gracias anticipadas por la respuesta que no dudo dará a mi carta, y reciba mi cordial saludo.

firma

Un hijo (o hija) a su padre (o madre) que se encuentra enfermo

lugar y fecha

Queridísima madre:

Han llegado a mí noticias de que te encuentras algo enferma. ¿Qué te ocurre? Supongo que no tendrá mucha importancia ya que nada me habéis comunicado, pero a veces me preocupa pensar que no queráis molestarme ni entorpecer mi trabajo, y paséis solos los malos momentos.
Escríbeme y explícame cómo estás, qué mal te aqueja; si te levantas o estás en cama. Si así fuera iría rápidamente a cuidarte.

Espero con ansia vuestras noticias y os envío un entrañable abrazo.

firma

A una amiga de la familia que ha sufrido una operación

lugar y fecha

Queridísima...:

La última vez que fui a verla al hospital ya no la encontré; me dijeron que había salido la semana anterior en muy buenas condiciones. ¿Qué tal le sienta la vuelta a casa?

Desearía que la recuperación fuera muy rápida y le permitieran pronto reanudar sus actividades normales, que tanto le agradan.

En cuanto nos sea posible iremos a verla. Si le apetece pasar unos días con nosotros durante su convalecencia, encantados la traeremos a casa el día que usted nos indique.

Esperamos sus noticias y le mandamos un cariñoso abrazo de toda la familia.

firma

Recomendaciones

Las cartas de recomendación son algo comprometidas si no se conoce mucho a la persona interesada en la misma y no se puede dar garantía absoluta de su capacidad y honestidad. Con mucha frecuencia, sin embargo, hay que escribirlas, y pueden ser de gran ayuda para quienes quieren ocupar un puesto de trabajo y necesitan que alguien interceda o lo solicite para ellos, y dé garantías de su capacidad.

Hay que tener por norma ayudar a los demás, pero debemos procurar no comprometernos demasiado, elogiando a personas de las que no conozcamos muy bien su manera de actuar; en estos casos nos limitaremos a describir lo que de ella sabemos y rogaremos se la tenga en cuenta al decidir acerca de quién debe ocupar el puesto.

Puede ocurrir también que alguien de nuestra entera confianza nos haya informado sobre el particular, en cuyo caso nos fiaremos de nuestro amigo, y tendremos la seguridad de que si él lo cree así, será sin duda la persona idónea.

Recomendación a un joven para un puesto de trabajo

Querido amigo:

La semana pasada estuve en Madrid y llamé por teléfono a su despacho con el deseo de pasar a saludarle; pero no tuve la suerte de encontrarle aquella tarde, siéndome del todo imposible intentarlo de nuevo, ya que debía regresar a Sevilla al día siguiente por la mañana.

Creo que, debida a la ampliación de su sección de..., tienen varios puestos de trabajo vacantes, para uno de los cuales deseo recomendarle a un joven amigo, amigo de nuestra familia.

Ha cursado sus estudios brillantemente y ahora lleva dos años trabajando en... como... durante los cuales ha demostrado su capacidad y eficacia.

Pero el cargo que ocupa no interesa demasiado al chico, ya que en él no puede desarrollar ni poner en práctica sus conocimientos de..., su verdadera vocación.

Preocupado siempre por encontrar algo que le llenara verdaderamente, dio en el periódico con la noticia de la ampliación de su sección de... y vino a verme rápidamente solicitándome le recomendara a usted, pues sabe la buena relación y amistad que nos une. El muchacho se llama... y ha presentado ya su solicitud.

Espero tenga un lugar para él, convencido de que no lamentará tenerlo entre sus colaboradores.

Un cordial abrazo de

A un joven como jardinero

Queridos...:

Casualmente encontré hace unos días a..., y estuvimos charlando largo rato sobre todos vosotros. Me contó que os estabais arreglando la finca de... y que buscabais un buen jardinero. Casualmente ayer vino a verme un muchacho, hijo de..., supongo que le recordaréis, que busca trabajo en esa ciudad. Me pidió le recomendara a algún amigo mío.

La visita no pudo ser más oportuna, tanto para él como para vosotros. Creo que puede ser de interés tener a alguien conocido y de absoluta confianza, además de un excelente jardinero. Recordad que su familia es la que ganaba cada año el premio de flores de... y el magnífico vivero que tenía su padre. Me dio a entender que dejaba la casa paterna por ser ya dos los hermanos que se dedicaban al negocio y no dar el mismo para mantener a tanta familia.

Yo le aconsejé que viniera a veros dentro de unos días, y que yo os habría escrito ya hablándoos de él. Espero que no tengáis el puesto cubierto; de ser así os agradecería me lo dijerais cuanto antes para poner en aviso al muchacho.

Esperando veros muy pronto, os mando un abrazo.

firma

A una familia para cuidar una finca

Queridos Sres...:

Precisamente la semana pasada estuve hablando con su hijo... y me contó las dificultades con que se encontraban para hallar una familia, de entera confianza, para cuidar de su finca de... En aquel momento no sabía de nadie que pudiera ocupar el cargo, pero casualmente vino a vernos ayer un joven matrimonio de..., pueblo natal de mi madre, y nos hablaron de sus deseos de abandonarlo y vivir cerca de una ciudad grande, donde poder educar debidamente a sus hijos. Parece ser que el mayor, niño de doce años, es muy inteligente, y quieren ofrecerle la oportunidad de una buena formación para que siga luego una carrera universitaria. También los dos pequeños parece que destacarán en los estudios.

Les hablé de su finca y de la amistad que unía a su familia con la nuestra, y me rogaron les escribiera para recomendarles sus servicios. Si les interesan, el marido se personaría en... para hablar directamente con ustedes.

... (nombre del marido) es un perfecto conocedor de las tareas del campo, y la esposa, una mujer limpia y trabajadora, dispuesta y servicial. El hecho de encontrar vivienda y no tener que cambiar de tipo de trabajo les interesa enormemente, pues les sería difícil acostumbrarse al trabajo de una fábrica.

Espero haber sido oportuno con mi carta y me alegro mucho que su salud esté del todo recuperada, según me dijo su hijo.

Reciban un afectuoso saludo de   firma

*Se recomienda a una persona importante, amiga, una chica
como secretaria*

Distinguido señor:

Espero que no le moleste le distraiga un momento de sus
múltiples ocupaciones, pero desearía pedirle un favor.
Conozco a una joven que desea un puesto de secretaria en
Madrid, en una empresa u oficina seria y respetable. Es la
primera vez que abandona su casa, después de haber cursado
sus estudios, y desea alguna garantía del lugar donde vaya a
trabajar.
Me he enterado, casualmente, que va a casarse su actual secretaria, y de inmediato pensé, que de no tener ya el puesto
cubierto, podría muy bien ocuparlo la muchacha en cuestión.
Se llama..., tiene... años, y ha estudiado el bachillerato superior e idiomas. Domina el francés y el inglés y es una buena
taquimecanógrafa. A todo esto añadiré, por mi parte, que es
sumamente educada, lo que considero importante para atender
a los clientes.
Ruego perdone mi atrevimiento, pero podría garantizarle lo
muy satisfecho que se encontrará del trabajo de dicha señorita, en caso de tener el puesto todavía vacante y si decidiera
aceptarla.

Mis respetos a su esposa y para usted un cordial saludo.

firma

A un hijo de un amigo para una oposición

Querido...:

Siempre que se habla de algún asunto importante, oigo pro-
nunciar tu nombre, no sabes lo orgulloso que me pongo al
poder decir a todos lo muy amigos que somos.
Ahora quisiera pedirte un favor. Un muchacho, hijo de un buen
amigo mío y compañero de profesión, se presenta a oposiciones de... El chico va muy bien preparado, pero está sumamente nervioso pensando que es muy limitado el número de plazas que se pueden conceder, y, por lo tanto, el número de
personas que aprobarán. Su padre, conocedor de nuestra vie-

ja amistad, vino a verme el otro día y me rogó te escribiera para que le recomendaras al presidente de tribunal, D..., que creo es buen amigo tuyo.

El no quiere un aprobado si no lo merece; únicamente pide que su examen sea mirado y valorado con atención y consideración. Como te he dicho, es un chico muy estudioso y, además, brillante, y no hubiera recurrido a recomendación alguna de no ser limitado el número de plazas y pensar que todos los demás se habrían preocupado de ser bien recomendados.

Te doy las gracias por el favor que no dudo me dispensarás, y te mando un fuerte abrazo.

A un chico para que sea admitido en una escuela

lugar y fecha

Sr. Director de...

Distinguido señor:

Hace algún tiempo que no he tenido el gusto de saludarle personalmente, lo que siento y echo de menos. Hoy quisiera pedirle un favor para el hijo de un compañero mío, don... Desearía enormemente que su hijo fuera admitido en su Escuela, aunque comprende lo difícil que es una vez iniciado el año escolar. Hasta el momento ha estudiado en..., pero los padres no estaban demasiado satisfechos con la enseñanza que allí se impartía, considerando que sus métodos eran anticuados, especialmente en la rama de Ciencias, en la que parece que el chico destaca. A esta insatisfacción se ha sumado el hecho de que en el colegio han suprimido, a partir de Navidad, la media pensión. Los padres están preocupados, ya que el chico no puede ir a casa a mediodía, puesto que tanto el padre como la madre trabajan en régimen de jornada intensiva, y no creen que el muchacho tenga edad suficiente como para comer solo cada día en una cafetería. Son dos horas incontroladas, peligrosas para un niño de catorce años.

Agradecería hiciera cuanto esté en su mano para admitirlo; el padre tiene pedida hora para una entrevista con usted el próximo sábado. Se trata, como le he dicho, de don...

No dudo el interés con que tomará el asunto. Con el deseo de poder saludarle pronto personalmente, le envío mis más afectuosos saludos.

firma

Para que un anciano sea admitido en una residencia

lugar y fecha

Sr. D...

Distinguido señor:

Me atrevo a molestarle en sus múltiples ocupaciones, pero se trata de un caso verdaderamente urgente.

Hace cuestión de unos días D... ha quedado viudo; su esposa, aunque también anciana, cuidaba de él, recibiendo de vez en cuando la asistencia de una mujer que les hacía los trabajos más pesados.

D.ª... murió repentinamente, a consecuencia de una dolencia cardíaca que hace algunos años le aquejaba y el marido tiene grandes dificultades para andar, debido a una artrosis muy acusada. No tuvieron nunca hijos.

Los Sres... vivían de una pequeña pensión, retiro del cargo que ocupó durante cuarenta años en la empresa..., cantidad que no le permite al Sr... buscar una persona que cuide constantemente de él.

Es muy triste y lamentable el estado en que se encuentra, solo, sin su esposa, a la que amaba mucho, y semiinválido. Los amigos y los vecinos procuran atenderle, pero es una situación que no puede prolongarse demasiado, pues la ayuda que necesita es constante, de día y de noche.

Sé que su residencia de ancianos es una de las mejores del país, no sólo por los cuidados médicos que en ella se dispensan a los internos, sino también por el trato sumamente humano que reciben. Mi padre me había hablado mucho de usted, de la amistad que les unía, y de su gran preocupación por la vejez.

Le rogaría hiciera cuanto esté en su mano para admitir a D... El podría pagar una pensión de... ptas., cantidad que cobra por jubilación.

Espero sus noticias, que no dudo serán esperanzadoras, y le mando un respetuoso saludo.

firma

A un amigo para ocupar un cargo importante

Ilmo. Sr. D...

Distinguido señor:

Le quito un rato de su precioso tiempo para recomendarle a un buen amigo mío, D..., para el cargo de...
Hace años que desempeña una eficaz labor en este terreno, desde su puesto de..., en..., y, el otro día, al enterarse de la creación de la entidad..., me llamó rápidamente por teléfono para rogarme le recomendara a usted, como presidente de la citada Entidad, para ocupar dicho cargo.
Tenga la seguridad que encontrará pocas personas tan preparadas y que posean, a la vez, un sentido del deber profesional y de la honestidad tan grande como... Su capacidad la ha demostrado cumplidamente durante los años de servicio al frente del departamento que he citado anteriormente.
Le ruego haga cuanto esté en su mano para que le sea concedida la plaza. D... tiene solicitada una entrevista con usted, y ha presentado ya la documentación necesaria acompañando la solicitud. Agradezco de veras el interés que no dudo pondrá en el asunto, y le mando un cordial saludo.

firma

Presentaciones

Las cartas de presentación tienen mucho en común a las de recomendación, aunque son algo menos comprometidas porque, con frecuencia, no se solicita nada en concreto, sino únicamente que se atienda a fulano de tal, conocido o amigo nuestro.
La carta de presentación sirve de apoyo a quien la solicita, cuando tiene que hacer gestiones o pedir favores a personas o entidades que le desconocen.
Puede presentarse a la persona como tal o en función de la entidad o labor que represente. Esto es, a alguien que pretende conseguir un favor o una ayuda para sí, o que representa los intereses de una asociación, fundación, etc., y solicita ser atendido en nombre de la misma. En este último caso pueden incluirse, por ejemplo, los que solicitan ayuda para hospitales, los que pretenden recoger afiliados para una

asociación cultural, vender una enciclopedia, etc. Todos ellos llevan consigo una carta o un documento de presentación, que avale su personalidad con respecto a la función o la entidad que representan.

Se escriben muchas cartas o tarjetas de presentación para que sean usadas en momentos difíciles, no con una finalidad inmediata; por ejemplo, cuando un muchacho sale de viaje, puede llevar consigo una carta de un amigo o familiar, para unas determinadas personas a las que pueda recurrir en caso de encontrarse enfermo, o en alguna situación apurada, pero a las que no acudirá si la marcha del viaje es perfectamente normal.

Carta de presentación de un amigo nuestro a otro para que le ayude a solucionar un problema

lugar y fecha

Querido...:

Tengo mucho gusto en presentarte a..., buen amigo mío y compañero de colegio, que debe desplazarse a... para hacer unas gestiones en...
Te agradecería muchísimo le ayudaras a solucionar las mismas, ya que él no tiene conocidos en..., y menos dentro de este organismo.
Espero le atiendas como si de mí se tratara, y te agradezco todo lo que puedas hacer por él.

Recibe un cordial saludo de...

firma

Para que le ayude a buscar trabajo

lugar y fecha

Querido...:

Me complace mucho presentarte a D..., de profesión..., buen amigo de la familia desde hace muchos años. El Sr... se ve obligado a trasladar su residencia a..., por motivos de salud de su esposa, y desea encontrar trabajo en esa ciudad, antes de desplazarse a ella con la familia.

130

Espero de ti que le ayudes en esta tarea; sé que lo harás gustoso, dada la amistad que nos une y lo muy introducido que estás en la ciudad.

Recibe un cordial saludo y mi agradecimiento.

firma

A una chica de un pueblo que busca trabajo

lugar y fecha

Querido...:

Me es grato presentarte a la señorita..., hija de unos amigos nuestros de..., donde pasamos los veranos.
Esta señorita desea trasladar su residencia a... y buscar ahí un trabajo de... Conocedora de la amistad que nos une —te presenté una vez a sus padres cuando estuviste en...— me ha rogado te escriba una carta de presentación. Es una muchacha muy formal y juiciosa y con extrema disponibilidad para el trabajo que quiere desempeñar, estoy convencido que será para ti un placer ayudarla.

Te mando un cordial abrazo y mis sinceras gracias.

firma

A un joven para camarero

lugar y fecha

Querido...:

Me es muy grato presentarte a..., muchacho amigo de mis hijos, y al que conozco desde la niñez, que desea trasladarse a..., durante la época turística, por coincidir con la escasez de trabajo en el campo, y colocarse de camarero.
Te ruego le recibas con el mayor afecto y hagas por él cuanto esté en tu mano. Supongo que no te será difícil ayudarle por lo muy metido que estás en el sector hotelero y teniendo, además, dos bares de tu propiedad.

Recibe mi agradecimiento y un fuerte abrazo.

firma

131

A unos amigos que visitan una ciudad extranjera

Queridos...:

lugar y fecha

Tengo mucho gusto en presentaros a unos buenos amigos míos, los Sres..., que están de viaje por... Les he rogado os saluden de mi parte, y me he tomado la libertad de indicarles acudan a vosotros en cualquier dificultad en que puedan encontrarse durante su estancia en...

En la seguridad de que os será grata su visita, y agradeciéndoos las atenciones que no dudo les dispensaréis, recibid un afectuoso abrazo de...

firma

A una chica que quiere colocarse «au pair» en el extranjero

Queridos...:

Me complace presentaros a la Srta..., amiga de mi hija..., que se ha desplazado a Londres para estudiar inglés y sacar su diploma.

Para costearse los estudios y su estancia en Inglaterra desearía colocarse en una familia donde la mantuvieran y le dieran una pequeña remuneración semanal a cambio de prestar unas horas diarias de servicios domésticos en la casa.

Espero podáis ayudarla en solucionar sus problemas. Un cordial abrazo.

firma

A una muchacha extranjera que quiera colocarse «au pair» en España

Queridos...:

lugar y fecha

Tengo mucho gusto en presentaros a **Melle**..., hija de unos buenos amigos nuestros, que desea seguir unos cursos de español en la Universidad de Madrid.

Para costearse los mismos, y su estancia en España, quisiera encontrar alguna familia con la que poder vivir y que, a cambio de algunos servicios domésticos o de cuidar a los niños durante unas horas, le diera una retribución para pagarse las clases y sus gastos particulares.

No dudando que la atenderéis con sumo gusto, y agradeciéndoos vuestra colaboración, os mandamos un afectuoso saludo.

firma

A un amigo que ha sido trasladado a otra ciudad y le ponemos en contacto con otro amigo de la misma

Querido...:

Me complace presentarte a..., buen amigo mío, que ha sido trasladado recientemente a esa ciudad para ocupar el cargo de... Por ser la primera vez que visita... y no tener ahí conocidos, le he aconsejado vaya a saludarte.

Recibe un abrazo de

Ofrecimiento de domicilio, particular y profesional

El domicilio se ofrece al instalarse por vez primera en casa propia, o al cambiar de localidad, a las nuevas amistades o compromisos adquiridos.

Puede ofrecerse tanto el domicilio particular como el profesional. En el último caso es frecuente incluir alguna frase de ofrecimiento de servicios.

Ofrecimiento de domicilio particular

Un nuevo matrimonio

Juan Martínez Sanjuán
Rosalía Méndez de Martínez
se complacen en ofrecerle su domicilio

Capitán Arenas, 24, ático, tel...   08034 Barcelona

Juan Martínez Sanjuán
Rosalía Méndez Pijoan
le ofrecen su domicilio

Capitán Arenas, 24, ático, tel...   08034 Barcelona

Observemos en este último ejemplo que la esposa usa únicamente sus apellidos de soltera.
Debe hacerse constar el distrito postal, en caso de haberlos
en la ciudad.

Ofrecimiento de domicilio profesional

Eduardo Pallarés Cambús
abogado
se complace en ofrecerle su bufete y se pone a su disposición.

Gerona, 126, pral., tel. 324-45-65   08010 Barcelona

Julián Carreras Ambrós
Dr. en Derecho
se pone a su disposición, y le ofrece su bufete

Avda. Diagonal, 567, 4.°, 2.ª; tel. 324-34-23   08029 Barcelona

Ramón Pelayo Gómez
aparato digestivo
le ofrece su consulta, a horas convenidas,
tardes de 5 a 8.

Balmes, 257, entlo. 2.ª; tel. 254-76-98   08006 Barcelona

Cambio de domicilio, particular y profesional

Cuando se cambia de domicilio, tanto particular como profesional, hay que comunicarlo a las amistades y a los clientes, según sea el caso.
En el momento de recibir la tarjeta, se anota el cambio en
la libreta de direcciones y se evitan muchas confusiones y
pérdida de tiempo.

Cambio de domicilio particular

Sebastián Gómez Salcedo
Julia Marín Palomar
                se complacen en ofrecerle su nuevo domicilio

Sanginés, 37; tel. 23-45-65   Palencia

Cambio de domicilio profesional

Juan Pérez Pallarols
Odontólogo
                ruega tome nota de su nueva consulta

Mayor. 17; tel. 23-45-67   Logroño

Augusto Sala Rebull
Ldo. en Derecho
se complace en ofrecerle su nuevo domicilio profesional y le ruega tome debida nota

Asturias, 70, 3.º-2.ª; tel. 23-45-46   Valladolid

Cambio de teléfono

Es más frecuente el cambio de teléfono que el de domicilio,
a causa de reajustes en la Cía. Telefónica.
A las personas de negocios y profesionales en general, puede
causarles graves distorsiones si no se preocupan en avisar
rápidamente del cambio a sus clientes. Se aconseja, pues,
que tan pronto tengamos conocimiento del nuevo número, se
impriman tarjetas y se envíen a las amistades, si el cambio
se ha producido en nuestro teléfono particular, y a nuestros
clientes, si en el profesional.

Cambio de teléfono en un domicilio profesional

Antonio Inglés Llorens
Dermatólogo
ruega tomen nota de su nuevo número de teléfono

Abrera, 23, pral., 1.ª; tel...   08030 Barcelona

135

Correspondencia comercial

La carta comercial

La carta comercial es un importante instrumento de trabajo; es la intermediaria entre las relaciones cliente-proveedor y el lazo que une la mayor parte de transacciones comerciales.

Debemos darle, pues, una vital importancia, ya que no es única y exclusivamente la imagen de la empresa la que se recibe por medio de una carta, sino que de ella depende, muchas veces, el buen éxito de un negocio, de una venta o de una operación.

Las cartas comerciales se escriben, generalmente, a máquina. Si se trata de circulares pueden emplearse diversos medios de impresión, como cyclostil o multicopista, offset, etc.

Se aconseja se escriban sobre papel blanco, en tamaño holandés, o en el DIN A4. También es frecuente el uso del tamaño cuartilla, para cartas cortas, pero se tiende cada vez más a la unificación del tipo de papel.

El DIN A4 se adapta casi a cualquier escrito.

Las siete C de una carta

Clara, concisa, concreta, correcta, completa, considerada y cortés.

Clara. La claridad es condición indispensable; una carta confusa puede inducir a errores irreparables. El mensaje debe ser perfectamente comprendido por quien lo recibe, sin dar lugar a ninguna duda.

Concisa. Se prescindirá de palabras y frases innecesarias.

El tiempo, tanto para el que escribe como para el que lee es fundamental. La concisión, además, ayuda a la claridad.

Concreta. Se eludirán temas o detalles que distraigan del contenido esencial, finalidad de la carta, a no ser que sea conveniente hacer algún recordatorio o alguna aclaración.

Correcta. La corrección demuestra cultura, capacidad, cualidades esenciales para que una carta produzca buena impresión a quien la lee.

Completa. No pueden omitirse detalles, el hacerlo podría llevar consigo lamentables equivocaciones y omisiones importantes en el cumplimiento del encargo o en la completa comprensión del escrito.

Considerada. ˙Pensada y meditada. No escribir jamás sin pleno convencimiento y conocimiento de lo que quiere expresarse.

Cortés. La educación y las buenas formas presidirán siempre nuestros actos y, por lo tanto, será norma esencial de la correspondencia. Una carta descortés produce una impresión sumamente negativa en quien la recibe; nunca es excusable, aunque tenga motivos para˙ estar enojado.

Partes de la carta comercial

Membrete

Fecha

Destinatario

Referencias y n.º de registro

Encabezamiento

Introducción

Cuerpo

Despedida

Firma

Membrete. El membrete suele ir impreso en la parte superior de la hoja, a una o varias tintas, y contiene el anagrama de la empresa o la marca comercial, el nombre, la actividad de la firma, el domicilio, teléfono, n.º de télex —de tenerlo—, y, en muchos casos, las sucursales con que cuenta.

El membrete da una visión bastante completa de lo que es la empresa. Acostumbra a encargarse su diseño y compaginación a un grafista. Es importante dejarlo en manos de expertos para conseguir una distribución armoniosa y elegante, que cause inmejorable impresión.

Fecha. Generalmente se coloca en la parte derecha, debajo del membrete en cuanto a altura.

Si en el membrete, como es de suponer, figura el nombre de la población, no hace falta repetirlo al escribir la fecha. El día se escribirá en números, el mes, indistintamente, en números o en letras, aunque siempre parece mejor escrito en letras; puede escribirse en mayúscula o en minúscula. El año se escribe también en números.

Ejemplo: 27 de febrero de 1986.

Puede prescindirse de la partícula «de»: 27 febrero 1976.

Si el mes lo escribimos en número, lo colocaremos de la siguiente forma: 27/2/1976.

De escribir el nombre de la población, irá siempre seguida de una coma y un espacio antes del día: Barcelona, 27 de febrero de 1976.

En algunos impresos figura ya el nombre de la localidad, seguido de puntos suspensivos que indican dónde se escribirá la fecha. En estos casos sólo hay que llenar los espacios correspondientes.

Ejemplo: Madrid, ······ de ································ de 198······

Referencias. En el orden de colocación hay quien da prioridad a las referencias y quien lo da al nombre y dirección del destinatario.

A menudo las casillas donde deben figurar las referencias están impresas.

En algunos casos figura también un pequeño recuadro dedicado al resumen del *asunto* de que se trata.

Todo esto es muy importante para relacionar la carta de inmediato, y poderla localizar.

Ejemplo: s/ref.   n/ref.   s/escrito   n/escrito

Esto estará ya impreso en la mayoría de los casos, y debajo se escribirá la referencia indicada.
Con frecuencia la fecha figura al lado:

s/ref.   n/ref.   s/escrito   n/escrito   fecha

Como hemos dicho antes, puede también destinarse un pequeño espacio a resumir el asunto que se trata:

s/ref.   n/ref.   fecha

Asunto. Resumen del tema tratado, si puede ser en dos palabras, mejor.
Las letras que acostumbran a escribirse en la referencia, a veces son números, pero, en general, son las iniciales —en mayúscula— de quien ha dictado la carta, seguidas de las iniciales —en minúscula— de la secretaria que la ha escrito o mecanografiado, separadas por una barra (/).

Destinatario. El nombre y la dirección del destinatario figurarán en la parte izquierda, debajo o sobre las referencias, según sea el impreso. Si se usan sobres de ventanilla, se aconseja vaya indicado el lugar donde debe colocarse.
Puede dirigirse a una persona o a una firma comercial. En el segundo caso, si se conoce el nombre de quien se hará cargo de la carta o del asunto, es aconsejable escribir, antes del encabezamiento, «a la atención del Sr...» o «a la atención de D...».

Ejemplo:

Construcciones Bilna

Carretas, 34

28012 M A D R I D

A la atención de D. José Ibáñez

Si el nombre de la firma es un apellido, puede ponerse delante Sres.

Ejemplo: Sres. Sardá y Jové, S. A.

Con relación al cargo o títulos que ostente el destinatario, deberá encabezar la dirección Excmo. Sr. D...

Iltre. Dr. D...

Dr. D...

Revd. D...

Si el destinatario ocupa algún cargo, se hará constar debajo de su nombre:

Sr. D...

Director Gerente de...

Fuensanta, 98

CÓRDOBA

El nombre de la calle irá precedido de una coma, espacio y el número de la calle y se colocará debajo del nombre, o del cargo.
Cuando el destinatario está en la misma ciudad que el remitente, se escribirá, en lugar del nombre de la localidad,

C I U D A D.

Si el nombre de la población se escribe en minúsculas (la primera siempre mayúscula, claro está), es conveniente subrayarlo, para que destaque. No es necesario si va todo en mayúsculas.
Si el nombre es corto, se aconseja dejar un espacio entre cada letra, únicamente a fines estéticos, para que no quede en un rincón.
Cuando la ciudad tiene distritos postales, se hará constar, delante. Ejemplo: 28040 M A D R I D.

Entre la calle y la ciudad es preferible dejar doble espacio, aunque haya sólo uno entre aquélla y el nombre del destinatario:

Sr. D. Juan Sánchez

Carretera la Real, 35

SORIA

Veamos cómo produce mejor efecto que si se deja sólo uno:

Sr. D. Juan Sánchez

Carretera la Real, 35

SORIA

Si se subraya aún es mejor:

Sr. D. Juan Sánchez

Carretera la Real, 35

<u>SORIA</u>

Aunque esto tiene relativamente poca importancia y depende del gusto de quien escriba.
Si la localidad no es capital de provincia, ésta se escribirá al lado, entre paréntesis:

Sr. D. Santiago Coll

Reserva, 123

<u>FIGUERAS</u> (Gerona)

En estos casos no se aconseja dejar un espacio entre cada letra porque resultaría demasiado largo.

El mismo ejemplo puede servir cuando se escribe al extranjero; en vez del nombre de la capital de provincia figurará el del país:

Mr. J.K. Smith

17 Botolph lane

CAMBRIDGE (Inglaterra)

Si la carta está escrita a doble espacio, éste debe también dejarse entre cada línea de la dirección.

Encabezamiento. Puede suprimirse en algunos casos. Por ejemplo, si se trata de una carta únicamente comercial, dirigida a una empresa, puede comenzarse con la introducción:

Sres. Álvarez y Ferrán, S. L.

Sanginés, 34

ZARAGOZA

En respuesta a su...

Si sabemos quién se ocupará de nuestro asunto podemos escribir:

Sres. Álvarez y Ferrán, S. L.

Sanginés, 34

ZARAGOZA

A la atención del Sr. Blasco

puede no subrayarse, si se prefiere.
Son múltiples los encabezamientos que pueden usarse, según a la persona a quien se dirija la carta o el escrito. Daremos una pequeña lista de los más frecuentes, pero repetiremos antes que las cartas comerciales, como puede ser una reclamación de pedido, una oferta, etc., pueden prescindir de él.

Distinguido señor:	cuando se trata de una persona con categoría social o intelectual.
Distinguido amigo:	si la persona es, además, conocida nuestra.
Apreciado Sr. X:	un poco decadente, pero útil en algunos casos en que no podemos usar querido o distinguido.
Querido amigo:	Si se tiene bastante relación con la persona, sin llegar a ser íntima.
Querido X:	Cuando es un amigo.
Querido Sr. X	Si es una persona mayor, de respeto,
Querido D...	pero amiga.

En las cartas estrictamente comerciales no es frecuente, ni aconsejable, en la mayoría de los casos, usar el calificativo de querido.

Procuraremos prescindir de los encabezamientos tenidos como clásicos, que ya han perdido todo el sentido como:

Muy señor mío:

Muy señores nuestros:

Solemos leer con frecuencia en las cartas, encabezamientos como los siguientes:

Señor:

Señores:

No es castellano. Son galicismos o anglicanismos. El Sr. o Sres. español va siempre seguido del apellido. Fíjense que decimos apellido, no nombre de pila. Éste va precedido de D. (don):

Sr. D. Eugenio Montes

Sr. González

D. Antonio Boada

Sres. Martín y Enrique Vidal

Obsérvese que si son más de una persona con el mismo apellido, como en el caso de hermanos, puede escribirse Sres. delante de los nombres.

Introducción. La introducción está formada, generalmente, por frases hechas, que se eligen según el contenido de la carta o la oportunidad del momento.
Puede, en algunos casos, llegar a prescindirse de la misma, e ir directamente al asunto, sin faltar a la cortesía.
Daremos una lista de frases apropiadas para la introducción que, en general, hacen referencia a la última carta de ellos recibida, o a alguna noticia que hemos tenido sobre los mismos:

En respuesta a su carta de...

En respuesta a su atta. carta de...

Confirmando nuestra carta de...

En relación a su... (carta, circular, pedido, etc.)

Confirmando nuestra conversación telefónica de...

Confirmando nuestro acuerdo verbal del... (o sobre)

Referente a su escrito de...

Conforme a su pedido de...

Agradeceríamos recibir información sobre...

Les agradeceríamos nos informaran acerca de...

Nos complace comunicarles...

Nos complace anunciarles...

Tenemos el gusto de comunicarles...

Sentimos tener que comunicarles...

Lamentamos mucho tener que anunciarles...

Lamentamos comunicarles...

Nos complace enviarles...

Con mucho gusto les remitimos...

Con mucho gusto atendemos su...

En respuesta a su demanda de...

En respuesta a su atta. carta de fecha...

Atendemos su petición de...

Según lo convenido...

Contrariamente a lo convenido...

Contrariamente a lo acordado...

Tenemos el deber de comunicarle...

Tenemos el deber de avisarle... (informarle...)

Nos permitimos adjuntarle...

Nos es grato comunicarle...

Nos es grato adjuntarle...

Consideramos oportuno comunicarle...

Nos permitimos enviarle...

Tenemos el gusto de comunicarle...

Tenemos el gusto de ofrecerle...

Con sumo gusto atendemos su...

El objeto de nuestra carta es...

De acuerdo con las instrucciones...

Hemos recibido su carta de...

Agradecemos su atta. carta de...

Agradecemos su informe sobre...

Estamos muy agradecidos por su...

Oportunamente llegó su carta...

Debemos procurar prescindir de los gerundios para encabezar un párrafo. Hasta ahora ha sido habitual su uso, pero hagamos un esfuerzo para desterrarlo en lo posible. Ejemplo: Contestando a su amable carta...
Será mejor decir: En contestación a su amable carta...

Cuerpo (exposición del asunto). El cuerpo de la carta empezará siempre en un párrafo aparte; aunque haya habido introducción, ésta servirá sólo para centrar y dar una referencia.
Es la parte esencial de la carta.
Debe ser claro y conciso y, a ser posible, breve. En él se expondrá el motivo del escrito. Si son varios los temas se usará un párrafo para cada uno de ellos.
Si debemos citar una cantidad, ésta constará siempre en números y en letras, para evitar cualquier error. Puede ser conveniente que los números se escriban fuera del margen, llenando con puntos el espacio incompleto de la línea anterior. Ejemplo: .
le abonamos en cuenta la cantidad de ....
ptas. 10.000,— (diez mil pesetas), por los gastos efectuados al reanudar los, etc.
Aunque no es indispensable. Puede muy bien figurar como sigue: le abonamos en cuenta la cantidad de *ptas. 10.000,—* (diez mil ptas.).

146

Es muy importante que el cuerpo de la carta siga un orden lógico refiriéndonos primero a lo más importante y luego ir detallando los pormenores, ordenadamente.

Despedida. La despedida irá, a menudo, acompañada de alguna frase, que servirá de conclusión, como de cierre, para que la carta quede bien redondeada, aunque no es siempre necesario. Puede, en según qué casos, en cartas estrictamente comerciales, en las que no sea necesario pedir una rápida contestación, o agradecerles un favor o una atención, escribirse estrictamente:

Atentamente,

Atentamente le saluda,

Un atento saludo.

Deben desterrarse los formulismos inútiles y las abreviaciones. Escribir es comunicarse, y no hay necesidad de usar un lenguaje distinto del que usaríamos si estuviéramos hablando con ellos. Prescindiremos, pues, de frases como las siguientes:

q.e.s.m. (que estrecha su mano)

q.b.s.m. (que besa su mano)

su affmo. s.s. (su afectísimo seguro servidor).

En su lugar diremos:

Atentamente le saluda,

Un atento saludo.

Le saludamos muy atentamente.

Reciba nuestro atento saludo.

Un cordial saludo (sin son conocidos).

Cordialmente le saluda.

Si la carta no es estrictamente comercial, y se escribe a un amigo, puede despedirse con:

un abrazo

un cordial abrazo

Observemos que si la despedida está escrita en tercera persona, irá seguida de una coma; si está en primera, de un punto. En el primer caso la frase no queda concluida, la firma, aunque separada, es la que le pone punto final. En el segundo caso es ya una frase completa, aunque a veces se omita el verbo por sobreentenderse.

Algunas frases que pueden preceder a la despedida, como conclusión de la carta:

En espera de sus noticias, le saludamos...

Agradecidos por su atención, le enviamos un cordial...

En espera de su respuesta...

En la confianza de vernos favorecidos con...

No dudando que será de interés para ustedes...

Muy agradecidos por la atención que...

Rogamos dé inmediata conformidad...

En la seguridad de vernos favorecidos...

Rogamos nos disculpen por las molestias que les hemos ocasionado...

Agradecidos por su amabilidad...

Quedamos a su disposición por cuanto puedan necesitar..

Les quedamos muy agradecidos por su colaboración...

Esperamos su conformidad...

Confiamos en poder corresponder a sus atenciones en otra ocasión...

Firma. En las cartas comerciales la firma va siempre acompañada de la antefirma.
Se hará constar el nombre y apellido y el cargo que ocupa. La antefirma puede escribirse a máquina o estampillarse con un tampón o estampilla. Hay quien da prioridad en el tamaño y en el orden de colocación al cargo, y hay quien lo da al nombre:

Julián López

Director General

DIRECTOR GENERAL

Fdo.: Julián López

EL DIRECTOR GENERAL

Fdo.: Julián López

La firma irá entre el cargo y el nombre.
Si no consta el cargo, dirá simplemente:
José Anglada, o, mejor aún, Fdo.: José Anglada.
Puede firmarse por orden y por poderes. En tal caso a la firma se antecederán las iniciales P.O. o P.P., respectivamente.

P.P.
Fdo.: Luis Anfruns

P.O.
Fdo.: Antonio Riquer

La firma irá en la parte derecha, dejando espacio suficiente después de la despedida.

Posdata y nota bene. Ya hemos hablado de ellas al referirnos a la correspondencia en general. Recordemos que se colocarán al margen izquierdo, después de la despedida, dejando el espacio pertinente.

Importante. Todas las cartas o documentos deben escribir-se con copia. Ello no sólo nos permite guardar constancia de lo escrito, sino poder reproducirlo en caso necesario.

Ocurre con frecuencia que una carta se pierde o se traspapela, o es ignorada por el destinatario; nuestra copia siempre puede demostrar que estuvo escrita y, lo que es más importante, su exacto contenido.

Las copias se archivan y registran.

Colocación de la carta

Debemos repartir equilibradamente los distintos volúmenes que forman los párrafos, la dirección, etc., para conseguir un agradable efecto óptico.

No deben enviarse cartas con borrones o tachaduras. Si es necesario hacer alguna corrección, hay sistemas de borrado bastante perfectos. De no disimularse lo suficiente, es mejor cambiar de papel y comenzar de nuevo.

El tipo de letra ha de ser sencillo y fácil de leer. Huir de la letra inglesa y otras que, por afán de distinguirse, lo único que consiguen es dificultar la lectura o cansar al lector con la poca simplicidad de los caracteres.

A ser posible se encuadrarán perfectamente en el papel; de no conseguirse, es mejor que queden algo altas que bajas. Estas últimas parece que vayan a caerse del papel.

Si el texto no cabe en una sola hoja, pondremos una indicación al final de la primera y otra al principio de la siguiente. Si son varias, las numeraremos.

En la parte baja de la derecha, en la primera hoja: .../...
En la parte alta izquierda de la siguiente: .../...

A la izquierda hay que dejar un margen mínimo de 3 cm, y de uno o dos a la derecha.

Las cartas acostumbran a escribirse a un solo espacio, salvo si la letra es muy menuda, para no dar sensación de compacto, o si la carta es muy corta.

Se dejará doble espacio para separar los párrafos entre sí, y algo más entre la dirección y el encabezamiento.

Los inicios de párrafo se harán al margen, sin entrar los cinco o seis espacios que hasta hace poco era habitual.

Si el membrete está impreso a unos tres, cuatro o cinco centímetros del margen izquierdo, nos dará la pauta para el margen de la carta, procurando que sea el mismo.

Las cartas sé doblarán siempre con el texto en la parte interior, y se colocarán en el sobre de forma que al sacarlas y desdoblarlas quede ante nosotros la dirección.

Pueden doblarse por la mitad, en tres o en cuatro partes, según el sobre y el tamaño del papel.

Si se doblan por la mitad o en tres partes, se hará siempre en el sentido horizontal.

Daremos ahora un esquema de una carta bien colocada:

MEMBRETE

s/ref.   n/ref.   fecha
....

Asunto: ....
Sr. D. ....
....

....

....

....

....

....

....

....

....

....

                              ....
                              ....

Pedidos

Pedidos son las solicitudes de envío de géneros o mercancías, que, generalmente, han sido previamente ofrecidos, bien a instancias del que formula el pedido, bien por iniciativa del que ofrece el producto.

La formulación del pedido deberá estar redactada con suma atención, sin omitir detalle respecto a la mercancía, a la forma de pago, de envío, etc., si queremos evitar errores en la entrega del mismo. Cualquier equivocación podría dificultar nuestra producción o nuestra venta, amén de dar lugar a enojosas cartas de reclamación, rectificación de errores, etc.

Las empresas de un considerable volumen de ventas suelen tener hojas de pedido impresas, las cuales facilitan el trabajo e impiden la omisión de detalles importantes.

Las hojas de pedido acostumbran a enviarse por duplicado; una de ellas se devuelve firmada, lo cual indica la conformidad en el cumplimiento de lo solicitado. De no usarse el sistema del duplicado, se redactará una carta de aceptación de pedido.

Cuando se formula un pedido deberán tenerse presente cinco puntos muy importantes:

cantidad (peso, metros, unidades...)

referencia

fecha en que debe hacerse la entrega

modo de envío

forma de pago

Únicamente podrá omitirse alguno de estos puntos si son muy frecuentes las relaciones comerciales entre las dos firmas y las condiciones son conocidas sobradamente.

En las cartas de aceptación de pedido —de no poder cumplir alguno de los requisitos que se solicitan— se hará constar cuáles serán las variaciones y se solicitará la conformidad con las mismas antes de darlo por firme.

Veamos algunos ejemplos de cartas de pedido.

Membrete

Dirección...
....

lugar y fecha

En relación a su oferta verbal del pasado día... nos complace
formularles pedido de:

        10 cajas Viñamar tinto   a ...... ptas.
        8 »   »   blanco a ...... »
        10 »   »   clarete a ...... »

Esperamos que la calidad de sus vinos sea del agrado de
nuestros clientes, y que éste pueda ser el inicio de una larga
y provechosa relación comercial.

Nuestra forma habitual de pago es a 60 días, a partir de la
fecha de recepción de la mercancía.

Les saludamos muy atentamente.

                                  firma

Membrete...
....

Sres...
....

....

Pedido n.º...   Ref...   Lugar y fecha...

Nos complace pasarles pedido de:

Código	Cantidad	artículo	precio unidad	total
......	......	......	......	......
......	......	......	......	......

Rogamos nos devuelvan la **aceptación de pedido** con los correspondientes plazos de entrega.

El envío de la mercancía, incluyendo albarán, deberá hacerse
puerta a puerta, franco portes y embalajes, sobre nuestros
almacenes de...

Rogamos nos avisen, por correo o telégrafo, de la fecha de
envío, número de bultos, peso y agencia de transportes.

La facturación agradeceremos la hagan por duplicado, haciendo constar el número y la fecha del pedido.

Los artículos deberán ser facturados **netos sobre destino**, es
decir, incluyendo IGTE.

En espera de sus noticias, atentamente les saludan,

                                  firma

lugar y fecha

Membrete
Casa Comercial...
Domicilio...
Localidad...

Les rogamos tomen nota del siguiente pedido:

2 sofás Modelo Peris, tapicería...
5 butacas Lloyd, en...
3 mesas centro MIO, cristal ahumado...

El envío y condiciones de pago, los habituales.
Rogamos nos comuniquen telefónica o telegráficamente si la
mercancía podrá estar en nuestro poder antes del próximo
día 15 de...

Atentamente les saludamos.

firma

Especificación de los plazos de entrega

lugar y fecha

Sres...
....
....

En relación a nuestro pedido número..., que abarca nuestras
necesidades de enero, febrero y marzo próximos, les detallamos las entregas que deben efectuarnos en cada uno de los
citados meses:

	enero	febrero	marzo
Manetas MIX 54	450	300	400
» » 57	450	300	300
» » 60	600	300	1.000
Juego puente MIX 60	1.500	—	—
Palomillas	4.200	1.200	—

Les rogamos que, a vuelta de correo, nos informen sobre las
posibilidades de cumplimentar el programa de cada mes, en
el curso de su primera semana. Si no recibimos contestación,
consideraremos que el pedido es de su conformidad.

Atentamente les saludan,

firma

154

Respuesta

lugar y fecha

....
....
....

En contestación a su carta con el programa de envíos de su pedido número..., nos complace comunicarles nuestra conformidad, excepto en lo que hace referencia a la entrega de los juegos puente correspondiente al mes de enero.
Dada la proximidad de la fecha nos será imposible servirles más de mil durante la primera semana, pero los otros quinientos no duden que estarán en su poder antes del día 12.
Deseamos que este pequeño retraso no tenga especial importancia para ustedes, y, en la espera de su conformidad, les saludamos muy atentamente.

antefirma
firma

Ofertas

Las ofertas pueden ser personales, de servicios o de productos. En el primero de los casos se solicita u ofrece un empleo o puesto de trabajo. En estas cartas debe hacerse una descripción detallada de los méritos que se poseen, en relación con el cargo que se pretende ocupar. Según los casos se hará más hincapié en las cualidades morales —honradez, capacidad, talento, energía, dotes de mando...— o en los estudios o títulos académicos; aunque en la mayoría de las ocasiones sea conveniente referirse a las dos facetas.
Cuando se han desempeñado otros trabajos con anterioridad, se citarán los nombres de las empresas o casas en las que se han ejercitado. De ser éste el primer empleo se darán direcciones de personas o entidades a las que poder pedir referencias.
El redactado de estas cartas deberá ser atrayente; de no ser así corre el riesgo de ser ignorado y de que no se le preste atención alguna. Es la primera imagen que tendrán del solicitante, y conviene cuidarla.
Acostumbran a escribirse a mano, si son respuesta a una oferta. No hay que olvidar, si el papel carece de membrete, escribir la dirección al pie.

Si se trata de una oferta de servicios o de productos, se destacarán las ventajas que ofrecen frente a los de la competencia. Estas ventajas pueden ser tanto de tipo económico, como cualitativo.

Cuando el producto es nuevo en el mercado se expondrán las ventajas que comporta su aceptación y uso.

Es conveniente, si se trata de una empresa puesta en marcha recientemente que ofrece sus servicios por vez primera, hacer referencia además a la honradez, capacidad, solvencia, etcétera, de las personas que la dirigen.

Se recomienda también dar nombres de firmas comerciales o personas de cierto prestigio, a las que se puedan pedir referencias.

Si se ofrecen puestos de trabajo es muy conveniente detallar las condiciones exigidas (edad, sexo, profesión, títulos académicos, experiencia...); ahorrarán recibir muchas cartas inútiles y el interesado sabrá a qué atenerse cuando presente la solicitud.

Las ofertas de trabajo acostumbran a hacerse por medio de anuncios, menos cuando van dirigidas a centros académicos o profesionales. Este apartado podría igualmente calificarse tanto de ofertas de trabajo como de demanda de personal. Lo trataremos en el capítulo de demandas.

Oferta de productos con precios actualizados

lugar y fecha

....

....

Nos complace pasarles oferta, con los precios actualizados, de

Pieza n.º   ancho   color   precio
....
....

El precio de la materia prima está calculado al que lo compraríamos hoy.

En espera de sus gratas noticias, les saludamos atentamente.

firma

Oferta de productos a un cliente particular

lugar y fecha

Sr. D...
....

Estimado cliente:

Hace algún tiempo que nos honra con su confianza, realizando en nuestra sección de electrodomésticos las compras necesarias para la cómoda instalación de su hogar.

Ninguna casa puede considerarse nunca completa, si se quieren satisfacer las necesidades de todos aquellos que la habitan; por ello, como una atención especial que dispensamos a los señores clientes que han cumplido exactamente los pagos previstos, le ofrecemos la gran oportunidad de poder comprar lo que desee, en nuestra sección de muebles y objetos para el hogar, sin entrada inicial y en pagos mensuales a su completa comodidad.

Esperamos recibir su visita, y le saludamos cordialmente.

antefirma

firma

Oferta de una calidad superior, a precio más elevado

lugar y fecha

....

....

Hemos ensayado un nuevo proceso de fabricación con extraordinarios resultados, que nos permite obtener las piezas sin el menor defecto.

Esperamos que nos den su conformidad para aplicar dicho proceso al resto de sus pedidos, por los innegables beneficios que ello comporta.

Ahora bien, el nuevo sistema es más lento y requiere mayor número de operarios, lo que redunda en un pequeño aumento en el coste de la pieza, y que equivale a:

.... ptas. en el modelo ....

.... »   »   »   » ....

Si nos dan su conformidad, estos precios regirán a partir de las próximas entregas a facturar.

Atentamente les saludamos.

antefirma
firma

Oferta para ocupar el puesto de secretaria

lugar y fecha

....

....

....

Distinguidos señores:

He leído en el periódico que su empresa ha aumentado considerablemente el número de sus actividades, por lo que he supuesto necesitarían ampliar su plantilla.
Estudié el Bachillerato en Valladolid, y luego cursé estudios de Secretariado en la Academia..., de la misma ciudad. Domino perfectamente el francés, y el inglés lo suficiente para hacerme cargo de la correspondencia en dicho idioma.
Aunque, dada mi edad, tengo poca experiencia en el trabajo, estoy segura de poder desempeñar eficazmente un puesto de secretaria. Soy buena mecanógrafa y taquígrafa.
Pueden pedir referencias mías a la Academia antes citada, y a la empresa..., en la que he trabajado durante seis meses, teniendo que abandonarla al trasladar mis padres su residencia a...

En espera de sus noticias, les saludo muy atentamente.

firma

Datos personales:

Nombre...

Apellidos...

Edad...

Domicilio...

Teléfono...

158

NO
NECESITA
SELLO

A franquear
en destino

RESPUESTA COMERCIAL

F.D. Autorización núm. 2076
(B.O.C. n.º 2157 de 9-11-70)

EDITORIAL
DE VECCHI, S.A.

Apartado F.D. 311
08080 BARCELONA

(España)

LOS ESPECIALISTAS DEL LIBRO PRACTICO

Deseo recibir sin compromiso, información periódica sobre las publicaciones de esta Editorial. Los temas que más me interesan, son los siguientes: (Indicar con una X)

Si nos remite esta tarjeta desde fuera de España, deberá franquearla en origen.

- ☐ Agricultura
- ☐ Animales domésticos y acuarios
- ☐ Artes - Hobbys
- ☐ Artes marciales y defensa personal
- ☐ Caza y pesca
- ☐ Ciencias ocultas y misterios
- ☐ Cocina
- ☐ Deportes

- ☐ Floricultura
- ☐ Ganadería y apicultura
- ☐ Hierbas y plantas medicinales
- ☐ Humor, juegos y pasatiempos
- ☐ Lengua española e idiomas
- ☐ Modelismo
- ☐ Naturismo, macrobiótica y dietética
- ☐ Perros

- ☐ Psicología
- ☐ Salud
- ☐ Legal
- ☐ Manuales de bellas artes

Otros temas que indico

_____
_____
_____

REMITENTE:

Nombre _____
Dirección _____
Población _____ D.P. _____ Prov. _____

Demandas

Las demandas, como las ofertas, pueden ser tanto personales como de servicios o productos.

Cuando se solicita personal para ocupar determinados puestos de trabajo se especificarán las cualidades y condiciones que deben reunir, tales como edad, sexo, títulos académicos, experiencia, tenacidad...

Estas demandas suelen hacerse por medio de anuncios o, como hemos dicho en el apartado anterior, por cartas dirigidas a centros académicos o de orientación profesional, donde sea fácil encontrar la persona con las cualidades requeridas.

Cuando la demanda es de servicios o de productos, se solicitará oferta de los mismos, y comparará así las diversas calidades, variedades, precios, etc., para asegurar un pedido acertado.

Sobre cursos desarrollados en una Escuela profesional

lugar y fecha

....
....
....

Referente a los cursos que se desarrollan en su Escuela, y cuyo programa me han remitido, les agradeceré me completen la información sobre los mismos, tal como horarios, precios del curso, cuadro de profesores, y cuantos detalles puedan facilitarme sobre el particular.

En espera de sus prontas noticias, les saluda atentamente,

firma

Nombre...

Domicilio...

Localidad.

Otra solicitud de información sobre cursos

lugar y fecha

....

....

Rogamos nos faciliten amplia información sobre sus cursos, tal como:
fecha de iniciación y terminación
horario
precios
detalle y programa de todas las materias a seguir.
La persona interesada en los estudios que ustedes imparten tiene 18 años, ha terminado con aprovechamiento el Bachillerato y, actualmente, sigue el curso de... en esa plaza.
Pendiente de sus noticias, cordialmente les saluda,

firma

Datos:

Nombre y apellidos...

Edad...

Domicilio...

Sobre la posibilidad de estudios por correspondencia

lugar y fecha

Escuela...

....

....

Hemos recibido el programa de sus cursos sobre moda, que consideramos muy interesantes.
Dada la situación geográfica de nuestra ciudad, tan lejana a Barcelona, les agradeceríamos nos informen sobre la posibilidad de seguir dichos cursos por correspondencia, o por cualquier otro medio que consideren viable, y que no signifique el desplazamiento diario a esa ciudad.
En espera de su respuesta, cordialmente le saluda,

firma

Nombre...

Domicilio...

160

Respuesta negativa.

lugar y fecha
Sr. D...
....
....

Sentimos mucho tener que comunicarle la imposibilidad de
seguir nuestros cursos por correspondencia. Las clases que
aquí se imparten son eminentemente prácticas, y el contacto
directo con el profesorado es indispensable para la completa
formación de los alumnos.
Lamentamos no poder satisfacer sus deseos, y le saludamos
muy atentamente.

antefirma
firma

Respuesta a demanda de precios

lugar y fecha
Sres...
....
....

Referente a la conversación telefónica mantenida con el Sr...
en relación a las piezas que fabricamos para ustedes, les con-
firmamos que, con las nuevas modificaciones para conseguir
la calidad que ustedes desean, importarían la cantidad de
.... ptas. cada una.
En espera de su respuesta, les saluda atentamente.

antefirma
firma

Solicitud de representante o promotor

lugar y fecha
Escuela...
....
....

Necesitamos una persona para promocionar nuestras chime-
neas X en esa plaza, por lo que les rogamos tengan a bien

161

hacer pública la presente carta entre sus alumnos para que, de interesar dicha actividad a alguno de los mismos, pudiéramos mantener un cambio de impresiones en nuestra Delegación de la calle..., número..., tel...

En espera de sus noticias, aprovechamos esta ocasión para saludarles muy atentamente.

firma

Se solicita el envío de una publicación

lugar y fecha

Nombre...
Domicilio...
Localidad...

Distinguidos señores:

Hemos tenido ocasión de hojear detenidamente algún número de su publicación..., en castellano, y consideramos extraordinaria su calidad, tanto desde el punto de vista de impresión, como de los temas tratados.

Como Director del Centro..., radicado en..., me permito solicitarles el envío de dicha publicación desde su inicio y, a partir de ahora, si es posible, por duplicado. Uno de los números formaría parte de nuestra Biblioteca, y el otro serviría de consulta a la sección de color.

Espero que no les ocasione ninguna molestia nuestra petición, y agradecemos de antemano su amabilidad.

Un atento saludo.

antefirma
firma

Demanda de un nuevo proveedor

lugar y fecha

Sres...
....
....

La empresa... ha construido, hasta ahora, nuestros aparatos bajo licencia para España; dicha firma nos proveía de ciertas piezas que ustedes fabricaban.

162

El contrato que nos ligaba con... caduca dentro de poco, por lo que nos han dado su dirección para que ustedes, si lo desean, puedan seguir surtiéndonos de dichas piezas.

Les agradeceríamos que nos enviaran oferta, a la mayor brevedad posible, de:

....

....

Las condiciones de precio deben incluir la mercancía embalada, franco frontera. Hasta el momento nos llega a través de la Agencia... de...

Rogamos que nos indiquen el tiempo que tardarían en servir nuestros futuros pedidos.

En espera de mantener desde ahora relaciones comerciales directas con ustedes, atentamente les saludamos.

antefirma
firma

Respuesta:

lugar y fecha

Nombre empresa...

....

....

Agradecemos mucho su atenta carta de..., y la confianza que depositan en nosotros.

Les adjuntamos nota de precios de la mercancía que nos solicitan, así como de otros productos de nuestra fabricación que pueden ser de su interés.

En dichos precios están incluidos, tal como deseaban, embalajes y portes franco frontera. No tenemos ningún inconveniente en que el envío se efectúe por medio de la Agencia..., de la que ustedes son habituales clientes.

Acostumbramos a servir los pedidos a los sesenta días de su recepción.

En espera de sus noticias, les saludamos muy atentamente.

antefirma
firma

Respuesta negativa:

lugar y fecha

....

....

Sentimos comunicarles, en relación a su atenta carta de...
que, si bien exportamos gran parte de nuestra fabricación,
ésta no incluye precisamente la mercancía que ustedes desean, a causa de un acabado especial que necesita, imposible
de realizarlo en nuestra empresa.
Si ustedes encontraran quien pudiera efectuarles dicho acabado, con sumo gusto atenderíamos sus pedidos.
En espera de sus noticias, y agradecidos por su amabilidad,
les saludamos muy atentamente.

antefirma
firma

Demanda de precios

lugar y fecha

....

....

Rogamos su mejor cotización para el material que se detalla
al pie, así como el plazo mínimo de entrega para su suministro.
Les agradeceríamos se sirvieran enviarnos su oferta por duplicado. Si en fecha... no hemos recibido noticias suyas, en-
tenderemos que no pueden facilitarnos sus servicios.

Atentamente,

firma

Detalle:

Fundir en coquilla, según normas y planos adjuntos.

cabeza anterior .... según plano ....

cabeza posterior .... según norma y plano ....

164

Envíos

Son las operaciones que siguen a la formulación de pedido y a la aceptación del mismo.

Por lo general, en la carta de formulación de pedido se ha indicado ya la forma y el tiempo en que debe hacerse; por lo tanto las cartas de envío serán sumamente escuetas si no hay ninguna modificación.

Si hubiera alguna dificultad en complacer enteramente las exigencias del cliente, se le expondrá y dará las oportunas excusas y aclaraciones.

Aviso de envío de mercancías

lugar y fecha

Nombre...
Domicilio...
Localidad...

Según su pedido n.º..., formulado el pasado día..., nos complace remitirle, por la agencia de transportes..., las siguientes mercancías:

....
.... (detalle de las mismas)
....

Nuestra forma habitual de cobro es, como ustedes recordarán, a 60 días, por medio del Banco de...

Agradecemos la confianza depositada en nosotros, y les saludamos muy atentamente.

antefirma
firma

Anunciando un pequeño retraso en el envío

lugar y fecha

....

....

....

Sentimos comunicarles que, por motivos ajenos a nuestra voluntad, la fabricación y acabados de las mercancías solicitadas en su pedido de fecha..., han sufrido un ligero retraso, no pudiéndolas servir hasta 10 días después de la fecha prevista.

Esperamos que este retraso, debido a la escasez de materia prima, no les ocasione perjuicio alguno, y rogamos nos disculpen.

Atentamente les saludan,

antefirma
firma

Rogando acepten el envío de la mitad del pedido y prometiendo el resto en fecha breve

lugar y fecha

Sres..

....

....

Por la Cía. de Transportes..., les enviamos ayer las siguientes mercancías:

....

.... (relación de las mismas)

El resto del pedido sufrirá una ligera demora en el envío —esperamos que no exceda a las dos semanas— debido a los paros laborales que vienen afectando a nuestra zona durante este mes.

Rogamos disculpen las molestias que ello les pueda ocasionar, y les saludamos muy atentamente.

firma

Devoluciones

Las devoluciones obedecen, generalmente, a que el envío no está de acuerdo con el pedido. El error puede estar en la cantidad, la calidad, el precio, la fecha de envío, etc. En cualquier caso debe hacerse constar exactamente cuál es el motivo de la devolución para que sea aceptada.

Puede darse el caso de que el error que ha motivado la devolución haya causado graves perjuicios al cliente, deteniendo su fabricación, o impidiéndole cumplir con sus compromisos. Si el perjuicio causado ha sido grave, puede pedir una indemnización. Muchas empresas de gran volumen, tienen impresas hojas de devolución, al igual que de pedido. Ello facilita mucho el trabajo.

Impreso de la hoja de devolución

MEMBRETE

Sr. D...

....

....

Devolución n.°

Referencia

Fecha

cantidad	artículo	causa

Devolución de pedido

                                  lugar y fecha

....

....

....

Lamentamos mucho no poder aceptar la mercancía que nos enviaron, según nuestro pedido n.°... de fecha...
La calidad de la misma no corresponde a su oferta, ya que

no resiste los grados de temperatura a que hay que exponerla.

Dada la importancia de nuestro pedido, su error nos ha causado graves perjuicios, tanto económicos como de prestigio, ya que nuestros clientes exigen de nosotros la seriedad en el cumplimiento de nuestros compromisos, virtud de la que siempre hemos hecho gala.

De no podernos servir el material en óptimas condiciones en el plazo de 10 días, deberán responsabilizarse de los perjuicios económicos que ello nos acarree.

Atentamente.

antefirma
firma

Modelo de abono de devoluciones

fecha

MEMBRETE

Sr. D...

....

....

A B O N O: sus devoluciones

n.º .... de fecha .... ptas.
n.º ....   »   » .... »

.... ptas.

En algunos algunos casos puede que no se devuelvan las mercancías, por no residir en ellas el defecto, pero sí puede existir error en las facturas.

Cuando devolvemos una factura se redactará una carta muy corta, explicando únicamente el motivo de la devolución, por ejemplo:

...Devolvemos su factura por no estar de acuerdo con las normas de nuestra sección de compras.

...Devolvemos su factura ya que el precio no está conforme a su oferta de...

168

Reclamaciones

Las cartas de reclamación son consecuencia de un trato que no ha sido debidamente cumplido, según se había estipulado. Cuando se escribe una carta de reclamación, hay que especificar las razones de la misma. El que la recibe sabrá al instante en qué punto ha cometido el error, y tendrá posibilidad de corregirlo si ha sido involuntario. Las razones que originan una carta de reclamación pueden ser múltiples: retraso en la recepción del pedido, equivocación en la mercancía (ya sea en cantidad o en calidad), forma de envío, etc. Es conveniente especificar la cantidad exacta de mercancía deteriorada, o los daños ocasionados por el retraso, etc., a fin de facilitar la reposición o indemnización correspondiente.

También es importante citar la posible causa de los daños, para que puedan subsanarse en próximos envíos.

No hay que perder nunca la corrección aunque nos hayan causado perjuicios graves. Se usará un tono más o menos exigente según la gravedad del daño sufrido, o que puede sucederse del no cumplimiento· exacto del contrato.

Al contestar una carta de reclamación se tendrá en cuenta la razón que tiene el cliente. De tenerla, se subsanará debidamente el error y se darán las oportunas disculpas. Si la equivocación es debida a que el cliente ha omitido algún detalle en la formulación del pedido, o ha cometido un error en el mismo, se le expondrá con mucha corrección, a la vez que se expresa el deseo de hacer los oportunos cambios o variaciones, a ser posible.

Hay clientes que tienen la costumbre de reclamar. De todos modos, si nos interesa comercialmente, hay que buscar siempre una fórmula para arreglar las cosas.

Reclamación por aumento de precio

fecha

Membrete
Sr. D...
....

Estamos muy sorprendidos del contenido de su carta de...,
pues no creemos sea de ética profesional el aumentar el precio de un pedido, una vez formulado, sin avisar con anticipación. Deberían, como mínimo, mantener el precio para los pedidos recibidos, y, de ser necesario, anunciar el aumento para
los próximos.
Suponemos, por la forma de tratarnos, que quizás haya dejado
de interesarles mantener relaciones comerciales con nosotros.
Esperamos su rápida contestación, y poder resolver el asunto
lo antes posible.

Atentamente.

Respuesta :

fecha

Membrete
Sr. D...
....

Lamentamos mucho que hayan dudado de nuestra ética profesional, después de tantos años de relación comercial con nuestra empresa. Cuando recibimos su pedido, íbamos ya a remitirles la nueva lista de precios, que mandamos aparte.
Rogamos que comprendan lo ocurrido, pero nos es del todo
imposible mantener los antiguos precios, aun para el pedido
formulado. Agradeceríamos pues la aceptación del mismo.
En espera de que lo comprenderán, reciban nuestro más atento saludo.

Reclamación ante la demora de un pedido

....

....

En relación al pedido que les formulamos el pasado..., según la oferta verbal hecha por ustedes una semana antes, les manifestamos nuestra contrariedad al no haberlo recibido en la fecha prevista.
Su representante nos aseguró que su camión de reparto la descargaría en nuestro almacén a primeros de mes, y hemos entrado ya en la segunda quincena sin haberla recibido.
Nos extraña además no hayan dado contestación alguna a nuestra llamada telefónica de la semana anterior, en la que la Srta... nos aseguró pasaría nota de la misma a su representante, y se nos daría una respuesta inmediata.
Si no podemos contar con la mercancía antes de que finalice el mes, pueden dar el pedido por anulado.
En espera de su respuesta, atentamente,

antefirma
firma

Reclamación por el mal estado de la mercancía

Sres...

....

....

El pasado día..., en la fecha prevista, recibimos nuestro pedido n.°..., en condiciones muy defectuosas.
Examinadas las piezas pudimos comprobar que cuatro de ellas presentan taras considerables, que imposibilitan las pongamos en venta. Todas ellas corresponden a piezas de la misma clase, por lo que nos extraña haya sido un error fortuito, que haya pasado desapercibido para ustedes.
Esperamos su respuesta, con una solución rápida y eficaz.
Atentamente les saludamos.

antefirma
firma

Pagos y cobros

Cuando se concierta una operación comercial se estipula la forma de pago y el tiempo en que debe hacerse efectivo. Al hacer un pago se acostumbra a escribir una carta anunciando que la cantidad ha sido abonada, o que se incluye talón, etc.

El receptor contestará acusando recibo.

Las cartas de cobro tienen por objeto el que se abone una cantidad adeudada por algún servicio o venta de mercancías. Muy a menudo las cartas de cobro reclaman el pago de alguna deuda, esto es, de una cantidad que debiera de haber sido pagada con anterioridad.

Es muy importante redactarlas con sumo cuidado, a fin de no herir la susceptibilidad de quien la recibe. Además de una falta de cortesía, podríamos perder al cliente.

Si habitualmente el deudor se retrasa en sus pagos, o si el cobro se le ha reclamado con anterioridad, puede insistirse más abiertamente en el abono del mismo, y, en casos extremos, amenazarle con no servirle en adelante, o con recurrir a procedimientos legales. Pero debemos evitar en lo posible llegar a tales situaciones. Procuraremos demostrar siempre al deudor que tenemos en él la máxima confianza, y que suponemos habrá sido un error involuntario, etc., pues estamos convencidos de su seriedad y solvencia.

Antes de escribir una carta de reclamación es conveniente esperar unos días. De no recibir contestación a la misma se insistirá, haciendo referencia a nuestra carta anterior y, de no recibir tampoco respuesta, es aconsejable certificar la carta.

Envío de cheque

lugar y fecha

Sres...
....

Adjunto nos complace remitirles cheque a su favor, contra Banca... en..., por un importe de .... ptas. correspondiente a su factura n.º...

Rogamos acusen recibo de este despacho. Muchas gracias.

Un saludo de su afectísimo,

firma

Acuse de recibo

lugar y fecha

....
....

Acusamos recibo de su cheque a nuestro favor c/ Banca...
en..., por valor de .... ptas. (......... ptas.).
Agradecemos su atención y les saludamos atentamente.

firma

Es conveniente que las cantidades figuren en número y, luego, entre paréntesis, se repitan en letras.

Aviso de próximo vencimiento de una letra

lugar y fecha

....
....

Nos permitimos recordar a usted que el próximo día... vence letra de ptas...., a su cargo, de la que somos tenedores, por lo que esperamos se servirá pasar por nuestras oficinas, en tiempo hábil, para proceder a su regularización.
Asimismo le participamos que el efecto de Ptas..., vencimiento... le será presentado al cobro por... (Banco).
Aprovechamos esta oportunidad para saludarle atentamente,

firma

lugar y fecha

Sr. D...
....

Asunto: Efecto de ptas...

> Vencimiento fecha...
> Importe de nuestras facturas:
> 27-3   Tac. 22342-78   Ptas. 727,—

Al objeto de regularizar nuestra contabilidad, rogamos se sirvan tomar nota de que, en esta fecha, nos permitiremos poner en circulación el efecto a su cargo más arriba citado.
En la seguridad de su favorable acogida, les saludamos atentamente.

....
....

Rogamos se sirvan tomar notar de las operaciones que en esta fecha sentamos en su grata cuenta, y que detallamos a continuación:

	Debe	Haber
n/ remesa talón cruzado al por-tador n.º D. 234.453 cargo n/ c. corriente Banco... Importe de...	8.500,—	

En la espera de merecer su conformidad, les saludamos atentamente.

Sres...
....

Plácenos adjuntarles nuestra factura de fecha de hoy, por importe de ptas. 107.800,— (ciento siete mil ochocientas pesetas), correspondiente a tres plazas del viaje «Inclusive Tour» en el trayecto Barcelona-París-Londres-Barcelona.
Sin otro particular, aprovechamos la oportunidad para saludarles muy atentamente.

firma

FACTURA
Sr. D...
....

11.4.34. n.º 3456, importe de tres plazas viaje «Inclusive Tour» Barcelona-París-Londres-Barcelona, con salida el día 12 de abril de 1987, por persona 35.933,— ptas., totalizando la cantidad de Ptas. 107.800,—

Nota de abono por devolución de material

lugar y fecha

Sres...

....

....

Nos complace remitirles nota de abono por sus devoluciones de material, cuyo importe deducimos de nuestro giro n.°..., de ptas... que hemos recibido devuelto.

Queda un saldo a nuestro favor de ptas..., que giramos a su cargo, con vencimiento el... de..., para dejar saldada su amable cuenta.

En espera de su conformidad, atentamente le saludamos.

firma

Acuse de recibo

lugar y fecha

Sres...

....

Ntra. sección   ntra. referencia   su carta   su referencia

Asunto: Contabilidad.

En contestación a su amable carta de..., adjuntamos recibo número..., por importe de la transferencia que nos han remitido por valor de... ptas.

Atentamente les saludamos.

antefirma
firma

Rogando cancelen el saldo de una cuenta

lugar y fecha

Sr. D...

....

Le agradeceríamos tuviera la bondad de cancelar el saldo a nuestro favor que, salvo error, arroja su cuenta por un valor de... y que corresponden a:

     Factura n.° ....   ptas. ....

     »   » ....   » ....

Atentamente le saludamos.

firma

Cuando no han respondido a la primera carta recordatoria de un pago

Sres...
....
....

Lamentamos tener que recordarles que su estimada cuenta arroja un saldo a nuestro favor, por valor de ptas..., desglosado en nuestra anterior carta de...
No dudando que esta demora será debida a algún error involuntario, les rogamos salden cuanto antes el importe arriba citado.

Atentamente les saludamos.

firma

Nuevo aviso

lugar y fecha

Sres...
....
....

Nos extraña muchísimo no haber recibido contestación a nuestras anteriores cartas, rogándoles saldaran nuestras facturas... por la cantidad de ptas...
Rogamos den contestación a nuestra carta y, en caso de tener algún problema que les impida efectuar el pago requerido, nos lo comuniquen. Procuraremos solucionarlo, ya que son muchos los años que nuestras firmas mantienen relaciones comerciales y grande la estima que por su Casa sentimos.

Atentamente les saludamos.

firma

Si tampoco recibimos contestación, dudemos de la buena voluntad del deudor

lugar y fecha

Sres...

....

....

Lamentamos muchísimo su prolongado silencio con respecto al pago de nuestras facturas, más aún, cuando les hemos ofrecido las mayores facilidades para hacer efectiva su deuda. Sentimos comunicarles que, si en el plazo de quince días no ha sido saldada, nos veremos obligados a recurrir a la vía judicial.

Atentamente.

firma

Cuando sigue el silencio

lugar y fecha

Sres...

....

....

Ante su continuado silencio hemos encargado, en el día de hoy, a nuestro abogado D..., domiciliado en la calle..., las diligencias relativas al cobro de nuestra factura n.º... de fecha..., con vencimiento...
Les rogamos se pongan en contacto con él directamente, para todo lo relacionado con la mencionada factura.

Atentamente.

firma

Ocurre con frecuencia que el deudor tiene imposibilidad de saldar su cuenta en el tiempo reglamentario, pero solicita un aplazamiento o prórroga, o bien paga una parte a cuenta, rogando sea aplazado el resto.

Sres...

....

....

Sentimos muchísimo tener que solicitarles un aplazamiento para el pago de su factura n.º..., por un importe de... ptas. No es habitual en nosotros esta forma de proceder, pero tenemos varias facturas importantes sin cobrar, que nos ponen, en este momento, en apurada situación económica.

Les rogamos nos concedan una prórroga de 60 días, en la seguridad de que en aquella fecha nuestra factura quedará debidamente saldada.

Agradecemos mucho el favor que no dudamos nos dispensarán, y en la espera de sus noticias les saludamos atentamente.

firma

Envío de una cantidad a cuenta

lugar y fecha

Sres...

....

....

Les rogamos nos disculpen por no haber contestado su amable carta, pero suponíamos poder saldar la cuenta antes de fin de mes.

Como sea que el mercado de... está pasando por momentos críticos, y son muchos los deudores que a su vez tiene nuestra firma, nos es imposible saldar completamente nuestra deuda en estas fechas.

Les agradeceremos acepten el pago de la mitad de la citada cantidad, y nos concedan un prórroga de 90 días para su saldo definitivo.

Aceptaremos una letra por dicha cantidad.

En la espera de sus noticias, reciban un cordial saludo.

firma

Respuesta afirmativa:

lugar y fecha

Sres...

....
....
....

Aceptamos su propuesta expresada en su carta de fecha...
Rogamos abonen en n/c. el cincuenta por ciento del importe
de n/f. n.º..., y acepten la letra que, a 90 días, giramos a su
cargo por el resto de la cantidad adeudada.
Esperamos haberles complacido, y les saludamos atentamente.

firma

Informes

Todo lo referente a informes es sumamente delicado, ya que
de darse favorables o desfavorables puede depender el puesto de trabajo de una persona, la concesión de un crédito
bancario, o cualquier otro asunto de vital importancia para
los interesados.
Quienes emiten el informe suelen hacerlo confidencialmen-
te, insistiendo en que eluden cualquier responsabilidad acerca del mismo, especialmente cuando los datos los han obtenido por medio de terceros.
Quienes los reciben asegurarán la mayor discreción y la más
absoluta reserva sobre los datos obtenidos. Los solicitantes
garantizarán a su vez la misma discreción.
El nombre de la persona o de la empresa sobre la que se solicita o redacta un informe no suele constar en el texto de la
carta; se escribirá en hoja aparte y se incluirá en el mismo
sobre. En casos muy delicados puede pedirse la destrucción
de la carta.
Cuando un particular solicita un empleo, mencionará las
casas donde ha trabajado con anterioridad y, de no haberlo
hecho en ninguna, el lugar donde ha estudiado, o el nombre
de personas a las que puedan pedirse referencias.
Al contestar una de estas cartas de informes sobre particulares, se hará hincapié en las virtudes o defectos que posea,
que puedan afectar o tener relación con el cargo solicitado.
Si no se trata de un particular, sino de una empresa, será

importante hacer referencia a la marcha de la misma, al capital, a la formalidad en atender los pagos; a la capacidad técnica de sus directivos o personal especializado, exactitud en el cumplimiento de los contratos, cantidad de crédito, que en su opinión, se les pueda conceder. En fin, a los aspectos que interesen al solicitante del informe.

Existen muchas agencias dedicadas a facilitar informes, especialmente comerciales, las cuales disponen de formularios impresos.

Cuando se solicitan informes muy concretos, será conveniente adjuntar un pequeño formulario de los datos que interesan, y rogar su devolución debidamente cumplimentado.

Los Bancos no acostumbran a dar informes sobre el estado económico de sus clientes, a no ser que ellos mismos les autoricen. En muchos casos, son los mismos interesados en que den buenos informes suyos, los que citan el nombre de uno o varios Bancos a los que pueden dirigirse de desear información sobre su situación financiera, o su formalidad en el cumplimiento de sus pagos.

Una prospección de mercado puede llevarse a cabo por varios conductos. Cuanto más diversos sean, mejor se podrá comparar y sacar conclusiones exactas.

Un mercado se estudiará desde el punto de vista del mayorista, del detallista y del consumidor. Como hemos dicho antes, es conveniente enviar cuestionarios con los datos que verdaderamente interesan.

Cuando hablamos de prospección de mercado nos referimos solamente al que puede hacerse mediante petición y recepción de informes.

Solicitud de informes adjuntando formulario

lugar y fecha

Sres...
....

Distinguidos señores:

Les agradeceríamos nos facilitaran informes sobre la firma indicada en el formulario adjunto, y les rogamos cumplimenten el mismo lo más ampliamente posible, dada la importancia que el asunto tiene para nuestra empresa.

La Casa a la que hacemos referencia nos ha formulado un importante pedido, que asciende a cerca de dos millones de pesetas, y al ser el primer contacto comercial con la referida firma, quisiéramos el máximo de seguridad antes de aceptarlo.

Les garantizamos la más absoluta reserva y discreción.

En espera de sus noticias, y agradeciendo su amabilidad, les saludamos muy atentamente.

firma

Anexo: formulario

Respuesta afirmativa:

fecha

Sres...

Distinguidos señores:

Con mucho gusto, les adjuntamos el formulario que nos enviaron en su carta de..., debidamente cumplimentado.

Es siempre grato para nosotros dar referencias de aquellas personas o empresas que merecen nuestra estima y consideración, aunque, como es de suponer, se los facilitamos sin aceptar responsabilidad alguna por nuestra parte.

En espera de haberles sido útiles, les saludamos muy cordialmente.

firma

Anexo: formulario

Respuesta adjuntando informes negativos:

fecha

Sres...

Les adjuntamos el formulario cumplimentado, según nos solicitaron en su atenta carta de...

Sentimos comunicarles que, en nuestra opinión, y según podrán observar en el formulario que les adjuntamos cumplimentado, resulta muy arriesgado concederles crédito por una cantidad tan elevada.

En espera de haberles sido útiles, atentamente les saludan

firma

Anexo: formulario

Evasiva:

fecha

Sres...
....

Les adjuntamos el formulario cumplimentado, según nos solicitan en su carta de...

Como podrán observar, las referencias que posemos son de lo más irregulares, por lo que no creemos oportuno formular ningún juicio acerca del particular.

Sentimos no poder complacerles, y les saludamos atentamente.

antefirma
firma

Solicitud de informes sobre un joven que ha solicitado el puesto de cajero en una empresa

lugar y fecha

Sres...
....
....

Sentimos muchos molestarles, pero desearíamos nos informaran sobre D..., que dice trabaja con ustedes desde hace... años, y que ha solicitado el puesto de cajero en nuestra empresa.

Como pueden suponer es un cargo sumamente delicado, para el que necesitamos una persona de intachable honradez, y que domine perfectamente la contabilidad.

En espera de sus noticias, y agradeciendo de antemano su atención, les saludamos muy atentamente.

firma

182

Respuesta positiva:

fecha

Sres...

....

....

Con mucho gusto les informaremos sobre D..., que ha prestado servicios en nuestra Casa desde hace... años.
Estamos muy contentos de los servicios que ha desempeñado
en nuestra empresa, siempre con suma eficacia, pero ahora
cree oportuno abandonarnos ya que tiene aquí agotadas sus posibilidades de ascenso, al desempeñar el puesto de Cajero un
hombre de su misma edad, y de cuyo trabajo estamos también plenamente satisfechos.
No dudamos que el Sr... puede cumplir con entera satisfacción para ustedes, la plaza que solicita en su Casa.
En espera de haberles complacido, atentamente les saludamos.

firma

Respuesta negativa:

lugar y fecha

Sres...

....

....

En respuesta a su carta de..., sentimos no poder informarles muy favorablemente acerca de D...
Si bien durante quince años ha prestado sus servicios en
nuestra empresa, su actitud ha variado desfavorablemente
en los últimos meses.
Su carácter se ha vuelto irascible, y ha perdido el sentido del
orden, dato fundamental en el terreno de la Contabilidad. No
podemos tampoco garantizarles su honradez, ya que las anomalías observadas en los Libros de Cuentas últimamente, no
sabemos si son debidas a su desorden o a su falta de escrú-
pulos.
Rogamos que esta información sea considerada estrictamente confidencial, y que esta carta sea destruida una vez leída,

más aún cuando el Sr... había observado una conducta intachable durante casi quince años.
Esperamos haberles sido útiles con nuestra información, y
les enviamos un atento saludo.

firma

Reanudación de relaciones comerciales

Las relaciones comerciales entre dos empresas pueden inte-
rrumpirse por múltiples motivos.
Cuando la causa ha sido por haber variado en el negocio una
de las partes y dejado de fabricar los productos que intere-
saban a la otra, es obvio que se interrumpan, y ello no da
lugar a correspondencia.
Pero la interrupción puede estar motivada por deficiencias
en el servicio, baja calidad, subida de precios, mejores condiciones ofrecidas por la competencia... En estos casos deberemos intentar volver a ganarnos al cliente.
Con suma habilidad se le harán nuevas ofertas, destacando
las mejoras conseguidas en aquello que les hizo prescindir
de nuestros servicios, ofreciéndoles nuevos productos, etc.
Si se desconoce el motivo de su silencio, se les preguntará,
muy delicadamente.
Cuando el que quiere reanudar las relaciones comerciales es
el comprador, no existe problema alguno, ya que siempre
es bien recibido un pedido, a no ser que provenga de alguien que sea irregular en sus pagos, o haya cometido cualquier otra incorrección, causa del cese de las relaciones comerciales.
En estos casos el cliente se excusará debidamente.

Cuando se desconoce el motivo

lugar y fecha

Sr. D...
....
....

Hace mucho tiempo que no hemos recibido noticias suyas,
lo que nos extraña enormemente dadas las buenas y amisto-
sas relaciones comerciales existentes entre ambas empresas desde hace tantos años.

Lamentaría muchísimo que su silencio fuera debido a que hubiera puesto su confianza en otra firma, cuando le hemos demostrado, a lo largo de tanto tiempo, la calidad de nuestros productos y la corrección de nuestros servicios.

Si hubiéramos cometido algún error, no dude que hubiera sido del todo involuntario, y que agradeceremos mucho nos lo comunique para poder subsanarlo inmediatamente.

En la espera de sus gratas noticias, reciba nuestro más cordial saludo.

antefirma
firma

Por elevación de precio

lugar y fecha

....

....

Hemos podido observar que durante los últimos seis meses, desde nuestra elevación de precios, no hemos recibido ningún pedido de su estimada firma.

Sabemos que el sector... pasa por momento económicos críticos, y que esto pueda haber motivado el que se provean de una materia prima más económica de la que nosotros les ofrecemos; pero lamentaríamos mucho que así fuera.

Ustedes conocen la calidad de nuestros productos, indispensable para obtener una producción competitiva en el mercado desde el punto de vista de su calidad. Creemos sinceramente que lo bueno es lo único que a la larga se mantendrá en el mercado.

De ser realmente el precio la causa de su silencio, lamentaríamos también que no nos lo hubieran comunicado, ya que con sumo gusto hubiéramos estudiado una fórmula más conveniente para ustedes.

En espera de sus gratas noticias, les saludamos muy cordialmente.

antefirma
firma

Respuesta:

lugar y fecha

....
....

Agradecemos muchísimo su amable carta de..., y su ofrecimiento de estudiar los precios y condiciones de pago que
pueden ofrecernos.
Si bien nuestro silencio coincide efectivamente con la subida de sus precios, no ha sido ésta la causa.
Desde hace algún tiempo nuestra sección de productividad
venía indicando la poca rentabilidad de este producto, en relación con otros de nuestra fabricación. Sin embargo, la producción se mantenía dada la escasez que había del producto
en el mercado. La actual crisis económica por la que atravie-
sa todo el país nos ha decidido suspender la fabricación, al
menos temporalmente.
En la espera de tener ocasión de reanudar nuestras relaciones comerciales en breve, les saludamos muy atentamente.

firma

Circulares

Se distinguen de las demás cartas comerciales porque su
contenido va dirigido a varias personas, empresas o entidades, y no a una de ellas en particular.
Hay que tener sumo cuidado en la presentación y el redactado, procurando que cada destinatario tenga la impresión de
que ha sido escrita especialmente para él, aunque sepa, claro
está, que se trata de una circular. De no ser así, la mayor
parte de las circulares van directamente a la papelera.
Son tantos y tan variados los asuntos que pueden tratarse,
que es imposible referirse a cada uno de ellos en particular.
Aquí los agruparemos en tres grandes apartados:

a) Comunicaciones

b) Publicitarias

c) Ventas

Sea cual fuera el tipo de circular que se envíe, el nombre y

186

la dirección del destinatario se escribirán en cada una de ellas, una vez impresa. Causa mal efecto recibir una carta en la que no conste el nombre de quien la ha de leer.

Debe cuidarse al máximo el parecido entre el tipo de letra y el color de la tinta en que está impresa la carta, y el de la dirección.

Dentro del apartado *a*) las circulares más usuales son las que comunican cambio de domicilio, traspaso del negocio (o cese), ampliación del mismo, nuevos administradores o apoderados, variación en los precios, cambio en el sistema de servicios, etc.

Cuando se trata del cambio de administradores o apoderados, será conveniente que figuren las firmas de los mismos, precedidas de una frase que diga, más o menos: ...rogamos tomen nota de nuestras firmas.

Las circulares publicitarias y las de ventas tienen varios puntos en común.

Estudiarán el público a quien se dirigen, para conseguir el enfoque y redactado adecuado; o bien: se elegirá al público según el producto o servicio que intente venderse o promocionarse.

Las circulares publicitarias no hablarán de la venta del producto, se limitarán a dar conocimiento del mismo y destacar sus ventajas frente a los demás, o la oportunidad de su aparición, de ser el primero en el mercado.

Hay que suscitar en el lector el deseo por el producto, haciéndolo atractivo, o dando la sensación de que es imprescindible.

Es importante conocer la psicología del público para convencerle con los argumentos clave.

Debe hacerse hincapié en los elementos *diferenciales*, y en resaltar aquello que no tiene u ofrece la competencia.

Cuando la circular es de ventas, además de la presentación y el debido elogio del producto o servicio, se hará constar la forma de pago, destacando los cómodos plazos que se ofrecen, así como un sistema fácil de hacerlos efectivos, por ejemplo, contra reembolso.

Se incluirá un cupón que, con sólo rellenarlo y enviarlo —a ser posible sin necesidad de franqueo—, pueda recibirse en casa la mercancía, o quedar suscrito al servicio ofrecido.

Si se trata de un producto, es conveniente, para seguridad del posible cliente, dar un plazo para devoluciones y reclamaciones, si no responde a las cualidades prometidas.

Comunicando apertura de una sucursal

fecha

....
....
....

Distinguidos señores:

Nos complace comunicarles que, a partir del primero de este mes en curso, está abierta en Sevilla una sucursal de..., dedicada, como ustedes conocen, al suministro de...
Dado el gran incremento que ha tomado la industria del... en Andalucía, especialmente en la provincia de Sevilla, y los inconvenientes que representaban para ustedes su relación comercial con nuestra central de Bilbao, se decidió la instalación de la citada sucursal, sita en:
Avda. de Urquijo, 27
Tel. 23-45-67
41008 S E V I L L A
Esperamos no sólo mejorar los servicios que hasta ahora les hemos venido ofreciendo, sino también cierta mejora en los precios, al reducirse considerablemente los costes de envío.
Han sido nombrados Gerente y Apoderado de la Sucursal, los señores Castillo y Giménez, respectivamente, de cuyas firmas rogamos tomen nota.
Agradeciendo la confianza que no dudamos pondrán en nosotros, atentamente les saludamos.
D. Leandro Castillo Gil firmará: ....
D. José Giménez Antón firmará: ....

Comunicando envío extraordinario, a pagar contra reembolso

fecha

Sres...
....

....

Distinguidos señores:

Tenemos el gusto de informarles que la revista..., a partir del presente año, ha incrementado en uno el número de sus ejemplares anuales, añadiendo a los que habitualmente se editaban, un extraordinario correspondiente a enero.

Al cubrir su suscripción solamente 10 ejemplares, nos tomamos la libertad de remitirles, por correo aparte, y contra reembolso por valor de 250,— ptas. (doscientas cincuenta), el citado número.

Rogamos disculpen las molestias que esta anomalía pueda ocasionarles, y tengan la seguridad que quedará subsanada en su renovación del próximo año.

Aprovechamos este motivo para saludarles muy atentamente.

firma

Cambio de domicilio

fecha

Sres...

....

....

Distinguidos señores:

Nos complace comunicarles que, a partir del próximo quince de septiembre, nuestras oficinas serán trasladadas a:

c/ Urgel, 145

08011 Barcelona

de cuya dirección les rogamos tomen nota. No variarán los números de teléfono.

Debido al gran incremento que ha tomado nuestra empresa en los últimos cinco años y al aumento del número de servicios ofrecidos, han quedado insuficientes las instalaciones de la calle Bruch, n.° 10, las cuales, a partir de la fecha arriba indicada, se destinarán exclusivamente al departamento de Contabilidad.

En espera de que todo ello redunde en poder ofrecerles mejores servicios, les saludamos muy atentamente.

firma

*Se comunica mejora en los servicios y se pide colaboración
del cliente*

fecha

Sres...
....

El aumento considerable del número de abonados durante estos últimos años, nos ha obligado a modificar los servicios de
suscripción, haciéndolos por medio de un ordenador.
Es un sistema mucho más rápido y moderno, que permite asegurar al cliente un servicio impecable. Pero el uso del ordenador lleva consigo un período de rodaje, en el que ahora estamos ocupados, y a lo largo del cual pueden producirse algunos errores eventuales.
A fin de localizarlos y de solventar los inconvenientes que
podría acarrear para una buena recepción de la revista, les
rogamos tengan la amabilidad de indicarnos todas las irregularidades que puedan haber constatado en su recepción.
Podría darse el caso de algún retraso importante, o de que
algún número se extraviara. Con los datos que ustedes nos
remitan, será muy fácil un inmediato arreglo de las anomalías.
Naturalmente, si les faltara algún número, les sería remitido
lo más rápidamente posible.
Contamos con su amabilidad y su fidelidad hacia nuestra revista, y no duden que nuestros deseos son darles el servicio
más esmerado.
Sentimos mucho las molestias que les podamos ocasionar,
pero estamos convencidos de que redundará en su beneficio.
Atentamente les saludan,

firma

Circular publicitaria

Sobre la aparición en el mercado de un nuevo ordenador para la enseñanza de idiomas.

lugar y fecha

Membrete

Dirección...
....

Tenemos el gusto de informarles de la aparición en el mercado de un ordenador «X», imprescindible para conseguir un completo dominio sobre cualquier idioma.

Las nuevas bases pedagógicas que han orientado su creación permiten, con un mínimo esfuerzo, conseguir máximos resultados. Se adapta su rapidez a cualquier nivel de inteligencia y permite una auténtica asimilación gracias a un sistema audiovisual controlado por el ordenador.

El idioma escogido se enseña bajo cuatro aspectos fundamentales:

fonética, comprensión, lectura y escritura

El equipo pedagógico está formado por varios profesores nativos, cuyas voces, alternadas y combinadas en diferentes lecciones y conversaciones, ayudan al alumno a una rápida comprensión y adaptación a la lengua hablada, y facilitan su conversación.

De estar interesados en nuestro ordenador, lo que no dudamos, rogamos cumplimenten el boleto adjunto y lo envíen, sin franqueo alguno.

Les damos las gracias por su atención y les enviamos un cordial saludo.

antefirma
firma

Boletín de información

....

.... (nombre y dirección de la empresa)
Desearíamos información completa, sin compromiso alguno por nuestra parte, sobre el nuevo ordenador «X».

D. ....

edad ....

profesión ....

domicilio ....

población .... (datos del que solicita la información)

provincia ....

Este boletín de información acostumbra a ser una tarjeta postal, a franquear en destino.

Boletín de información

....
.... (nombre y dirección de la empresa)
Desearíamos amplia información, sin compromiso

D. ....

domicilio ....

población ....

tel. ....

Oferta de un viaje

lugar y fecha

Sr. D...
....
....

Distinguido señor :

El Comité..., en colaboración con la Agencia de Viajes..., ha programado un viaje a Londres para el próximo mes de marzo, con el fin de visitar el «Salón Internacional...», que tendrá lugar del 1 al 15 de dicho mes, para periodistas especializados, industriales..., y cuantos amigos de los mismos deseen formar parte del grupo.

Dado el interés que dicho certamen tiene en el mundo del..., el Comité... no ha dudado en patrocinarlo y en hacer cuanto esté en su mano para facilitar, en lo sucesivo, visitas a todos los certámenes similares.

El precio del viaje, en avión, y habitación doble con baño durante cinco noches, será de...; añadiendo un suplemento de... por habitación individual.

Las condiciones están supeditadas a que el grupo expedicionario sea de un mínimo de 15 personas.

La salida está prevista para el lunes..., llegando de nuevo a... el viernes por la noche.

Para toda clase de aclaraciones al respecto, pueden dirigirse a la Agencia arriba indicada, sita en..., tel...

En la espera de que la gestión realizada sea de su agrado, reciba nuestro cordial saludo.

firma

Circulares de ventas

fecha

Membrete
....

Dirección...
....

Distinguido señor:

No dudamos que está usted al corriente de los mejores adelantos en calculadoras electrónicas, pero permítanos presentarle la última gran revolución en esta materia.

Se trata de XXX, la pequeña gran calculadora, que aúna a la simplicidad en el manejo, y a su tamaño de bolsillo, la más perfecta técnica.

Con ella podrá efectuar instantánea y fácilmente, sin posibilidad de error, cualquier operación matemática.

Su uso es apropiado tanto para oficinas como para llevar la perfecta contabilidad del hogar, y todas estas ventajas por un precio al alcance de cualquier economía:

modelo normal ·················· ptas.

    »   lujo ·················· »

Usted mismo podrá comprobar cuanto le decimos rellenando el cupón de pedido adjunto, con prueba gratuita de 10 días. Esperamos sus gratas noticias y le saludamos muy atentamente.

antefirma
firma

Boleto de pedido con prueba gratuita de 10 días

Dirección...
···

Deseo recibir a prueba de 10 días la calculadora electrónica XX, en la seguridad de que si no quedo satisfecho podré devolverla, por correo certificado, y me será reintegrado su importe.
Señale con una cruz la forma de pago deseada
Contra reembolso
Mediante giro postal cuyo resguardo incluyo
Talón bancario que incluyo

Nombre ································

Domicilio ································   (datos del solicitante)

Población ································

Circular de ventas

fecha

Membrete
·································

Querida ama de casa:

XXXX ha encontrado la solución para su problema diario de qué hacer para comer que resulte sabroso, fácil y económico.

Nuestros técnicos han estudiado y elegido, de toda la cocina europea, aquellos platos que mejor se adaptan a nuestro paladar y forma de vida, seleccionando más de setecientos menús, entre almuerzos y cenas, que le ahorrarán a usted tiempo y preocupaciones. El pensamiento que ensombrece diariamente su despertar: ¿qué les daré hoy para comer?, dejará de angustiarla cuando sea dueña, por sólo .... ptas. de nuestro recetario de cocina.

Rellene ahora mismo la tarjeta de pedido adjunta y comience a ser feliz.

Cordialmente le saludan,

antefirma
firma

Boleto adjunto

Deseo me remitan, para su examen durante 10 días, y sin compromiso por mi parte, el Recetario de Cocina XX.
Efectuaré el pago (señálese con una cruz)
Talón bancario
Giro postal cuyo resguardo incluyo
Contra reembolso

D.ª ....

Domicilio ....

Población ....

firma

Circular de venta a plazos

fecha

Membrete
....

Distinguido señor:

Suponemos estará al corriente de la labor de promoción cultural que venimos desarrollando desde hace varios años, mediante publicaciones, conferencias, sesiones de estudios, etc.

La última de las grandes tareas que nos hemos impuesto es la creación de una enciclopedia de..., en 10 volúmenes, que aparecerán trimestralmente.

No dudamos del interés que puede tener para usted contar con dicha publicación en su biblioteca, que le ayudará a solucionar múltiples problemas de su trabajo, por una cantidad mensual prácticamente insignificante.

A los primeros suscriptores les ofrecemos la oportunidad de pagarlo en cómodos plazos mensuales de... ptas., durante cuatro años.

El primero de los volúmenes está ya en el mercado, y la aparición del segundo está prevista para dentro de unos días.

Le agradeceremos, de estar interesado en nuestra publicación, cumplimente el boleto adjunto y nos lo remita, libre de franqueo.

En la seguridad de que podremos contarle entre nuestros suscriptores, reciba un atento saludo.

antefirma

firma

Boletín de suscripción

D. ....
domicilio ....
profesión ....
Desea recibir la enciclopedia comprometiéndose a abonar mensualmente la cantidad de X ptas., por medio de su Bco. o Cja. de Ahorros ....
Agencia ....
Localidad ....
N.° de cuenta ....

firma

Importación y exportación

Las relaciones comerciales con países extranjeros son siempre más complejas que las llevadas a cabo dentro del mismo país, ya que deben atenerse a normas internacionales de comercios y a acuerdos especiales.

Señalaremos los casos que más frecuentemente dan lugar a correspondencia.

196

Exploración de mercados para exportar nuestros productos.
Adquisición de materias primas.
Informes sobre empresas con las que pretendemos iniciar
relaciones comerciales.
Envío de muestras.
Estudio de las condiciones de venta.
Busca de representantes.
Deberán tenerse en cuenta los siguientes puntos:

1. Por parte del importador:
    Necesidad de obtener un permiso de importación.
    De encontrar un Banco que dé crédito al vendedor.
    Ponerse de acuerdo con una Agencia de transportes para
    que recoja la mercancía a su llegada a la Aduana.

2. Por parte del exportador:
    Conseguir una apertura de crédito a su favor.
    Hallar financiación a su producción, cuya venta está ase-
    gurada.
    Gestionar los permisos de exportación.

Solicitud de oferta

fecha

Membrete
....

Dirección...

Les agradeceríamos nos hicieran oferta de sus productos, in-
dicándonos el tiempo máximo en que acostumbran a servir
sus pedidos.
Hemos tenido referencias óptimas de su firma por medio de...,
por lo que no dudamos que su oferta será de nuestro interés
y que éste será el inicio de unas buenas y largas relaciones
comerciales entre nuestras Casas.
Esperamos su respuesta y les saludamos atentamente.

firma

Oferta de mercancía

Membrete
....

Dirección...
....

Damos respuesta a su atta. carta de..., en la que nos solicita-
ban oferta de nuestros productos.

....

.... (producto y precio)

Estos precios incluyen los portes hasta su frontera, debiendo
correr a su cargo el traslado dentro de su país.
La forma de pago será mediante letra aceptada por nosotros,
con vencimiento a la vista, entregada al Banco..., de... y domiciliada para el cobro en un Banco de su ciudad, a su libre
elección.
Esperamos haberles complacido y les enviamos un atento
saludo.

firma

Petición de informes sobre posibles proveedores

Membrete
....

fecha

Dirección...
....

Conocedores de la intensa labor de promoción comercial que
su prestigiosa Entidad desarrolla en su país, hemos creído
que son ustedes los más indicados para facilitarnos una acertada información.
Nos interesaría ponernos en contacto con algunos fabricantes
de..., para un posible e. importante pedido.
Esperamos sus noticias, y agradeciendo de antemano su colaboración, les saludamos muy atentamente.

firma

Envío de una carta de crédito

fecha

Dirección...

n.º ref...
L/C/N 48-14 £ a su favor

Les incluimos junto con la presente carta de crédito a su nombre, que les concede el Banco de... de Manchester, tramitada por nuestros representantes en dicha ciudad.
Como pueden comprobar se les ha abierto crédito en dicho Banco, y, por lo tanto, la presente no implica compromiso alguno por nuestra parte.
Sin embargo, nos ponemos a su disposición para negociar la letra de cambio que librarán ustedes, utilizando créditos siempre que vaya acompañada de los documentos necesarios.
Esta eventual negociación podrán efectuarla, salvo buen fin para todos los efectos.
Les rogamos no olviden al presentar los documentos para la utilización, devolvernos la mencionada carta de crédito para que tomemos nota.

Reciban nuestro atento saludo.

firma

Utilización de crédito

fecha

Dirección...

Les informamos que hemos tenido conocimiento, por un telegrama recibido hoy, con fecha..., que la firma... de Manchester ha librado una letra a la vista a su cargo domiciliada en el Banco... de la misma ciudad, por valor de £..., importe de la mercancía... embarcada en Barcelona.
Aprovechamos la ocasión para confirmarles que, cuando lo deseen, efectuaremos el pago de la cantidad correspondiente a la letra.

Atentamente les saludan,

firma

Utilización de crédito

Dirección...

....

Les comunicamos que hoy nos ha sido presentada para su aceptación la letra de cambio por valor de £... a la vista, librada a nuestro cargo por la firma...

Les rogamos que se ocupen del pago del importe, al cambio actual, liquidando la eventual diferencia en el mismo, una vez realizada la operación.

A su tiempo les remitiremos la cuenta exacta de la operación y de los gastos que resulten, junto con la comisión por el pago de la letra al Banco... de Manchester.

Atentamente les saludan,

firma

Documentos de régimen interno de la empresa, de la Administración, o de ésta al particular

Notas interiores

En toda empresa, entidad u organismo, es muy frecuente el uso de notas interiores, ya que no siempre es posible la comunicación verbal. La nota tiene, además, la ventaja de que queda constancia de ella.
Constará de las siguientes partes:

1. Membrete, en el que consta el órgano o empresa en que circulen dichas notas.

2. Referencias, a efectos de archivo y determinación del asunto.

3. Fecha en la que se envía la nota.

4. Asunto, en el que se extracta el contenido de la misma.

5. Indicación del funcionario o empleado que envía la nota y del destinatario de la misma.

6. Texto o contenido.

Esquema:

Membrete

Referencias

Fecha ....

Asunto ....

De Jefe de la Sección de ....

A Jefe de la Sección de ....

TEXTO

Actas

Es un escrito en el que constan los acuerdos tomados en una reunión o junta, y el resumen de las deliberaciones habidas en la misma. Deben escribirse en el libro que lleva su nombre.

El Código de Comercio regula los requisitos exigidos a las sociedades mercantiles. Deben también tenerse en cuenta los estatutos por los que se rige la Sociedad, Asociación, etc.

Aquí daremos unas normas generales, aplicables a todo tipo de Asociaciones, Corporaciones, Sociedades, etc., contando con que deberán añadirse, en cada caso, los requisitos oportunos, tal como se señala en el párrafo anterior.

1. Encabezamiento o título. Se escribirá el nombre de la Comisión o Sociedad, y el número de la misma en determinados casos.

2. En la mitad izquierda del papel, y de arriba abajo, se relacionarán los asistentes.

3. A la derecha de la anterior relación, se especificará la fecha, hora de comienzo y terminación, y lugar de la reunión.
   En el caso de que hiciera falta anotar la titulación de los asistentes, y ello diera lugar a que ocupase cada línea un espacio mayor a la media página, se anotarán primero las referencias antes citadas, y luego el nombre de los asistentes, sus cargos o títulos, unos a continuación de otros.

4. Se resumirán los debates, separando convenientemente los asuntos tratados, y por el orden en que lo hayan sido.

5. A continuación se escribirá la fecha en letras. Si no se ha colocado donde indica el punto 3.

6. Firma del Secretario.

7. V.º B.º del Presidente (Visto Bueno).

Seguidamente, daremos un esquema de un acta de una reunión. Creemos será suficiente para dar una pauta de su redactado y colocación, sea cual fuere el tipo de acta de que se trate.

Acta de la reunión de la Comisión de...
Asistentes

Sr. D. ······························· Fecha ·······························
　　　　　Presidente　　Hora de comienzo ·······················
Sr. D. ······························· Hora de terminación ·············
Sr. D. ······························· Lugar ·······························
Sr. D. ·······························
Sr. D. ·······························
　　　　　Secretario

DESARROLLO DE LA REUNION

Se abre la sesión con arreglo al siguiente orden del día:

1.° ·······························

2.° ·······························

3.° ·······························

1.° Se abre la discusión del primer punto (resumen de las diferentes intervenciones).

Sometido a votación se obtiene, como resultado..., y se acuerda lo siguiente:

a) ·······························

b) ·······························

Los Sres... piden que se haga constar en acta su voto en contra, fundándose en los motivos siguientes: ·······················
2.° Se somete a discusión el segundo punto del orden del día..., etc.

Ruegos y preguntas
Exponerlos uno por uno en caso de haberlos.

　　　V.° B.°
　　El Presidente　　　　　　　　　　El Secretario
　　　(firma)　　　　　　　　　　　　　(firma)

Citaciones y convocatorias para reuniones y juntas

Es conveniente que se ajusten a los formatos del oficio y las cartas. Se harán constar los siguientes datos:

1.º Membrete del Órgano, Sociedad, etc., para el que se hace la citación o convocatoria.
2.º Día, hora y lugar de la reunión.
3.º Texto y fecha de la convocatoria, firmada por el Secretario.
4.º Dirección del destinatario.
5.º Orden del día.

En caso de que sea necesaria la presencia de todos los miembros o accionistas, o de un número determinado de ellos, se adjuntará un formulario para la delegación de voto, y se rogará su cumplimentación, en caso de no poder asistir personalmente.

Si son muchas las citaciones o convocatorias que se hacen durante el año, es conveniente tener impresos adecuados, a fin de simplificar el trabajo.

Ejemplo posible impreso:

Membrete

Se convoca a Vd. a la reunión que se celebrará en la fecha y hora indicados, según el orden del día que figura a continuación.

Fecha reunión ·····················
Hora comienzo ·····················
Lugar ·································
Fecha convocatoria ···············
Dirección ···························
·····································

Dios guarde a usted...

El Secretario,

ORDEN DEL DIA

··

··

Este modelo está pensado para el uso de sobres de ventanilla.

Convocatoria a una Junta General Universal
(modelo no impreso)

Membrete

fecha

Sr. D...
calle...

CIUDAD

Me complace convocarle a la reunión de accionistas de... que
tendrá lugar el próximo día... de... a las... horas, en el domicilio social, ..., y, en el caso de hallarse presentes o debidamente representados la totalidad de los accionistas de la Sociedad, celebrar Junta General Universal, con sujeción al siguiente **orden del día**:

1.° Aprobación, en su caso, de la gestión social.

2.° Examen y aprobación, en su caso, del Balance, Memoria y Cuentas anuales.

3.° Decidir sobre la aplicación de los resultados obtenidos en dicho Ejercicio.

4.° Nombramiento de accionistas censores.

5.° Nombramiento de Presidente y Secretario.

6.° Ruegos y preguntas.

En el supuesto de que no fuera posible su asistencia, rogamos
cumplimente la debida delegación, que adjuntamos.

Atentamente le saluda,

El Secretario
firma

Modelo para una delegación de voto

D..., accionista de la Sociedad..., delega en el accionista D...
su asistencia a la Junta General Extraordinaria que se celebrará el día 26 de... de..., y cuyo orden del día declara conocer.

firma

Imposibilidad de asistir a la Junta General Extraordinaria

fecha

Sr. D...

....

....

Estimado amigo:

Como confirmación a nuestra conversación telefónica de esta
misma tarde, le confirmo mi imposibilidad de asistir a la Junta General Extraordinaria de esa..., al tener, a la misma hora
y fecha, reunión del Consejo de...
Asimismo, y según lo indicado, le incluyo (o adjunto) a la
presente, mi delegación de voto en su persona.
Reciba un cordial saludo.

Certificados

Pueden ser expedidos por autoridades o por particulares. En
el caso de que quien lo expida no sea el jefe superior o la
máxima autoridad del departamento o entidad, es conveniente que lleve el V.º B.º (visto bueno) del mismo.
Consta de las siguientes partes:

1. *Encabezamiento.* Se coloca en la parte superior del escrito, dejando un margen a la izquierda de unos 3 cm, como
en las cartas. En la parte superior de la hoja deberá dejarse
un amplio espacio, ya que en muchos casos el Certificado se
acompaña de pólizas. El encabezamiento consta del nombre
de la persona que libra el Certificado, y del cargo que ocupa
en relación con el mismo. Puede escribirse todo en mayúsculas, o subrayando lo más importante.

2. *Cuerpo del escrito.* En párrafo aparte, y dejando un margen de un tercio escaso de la anchura de la hoja, se escribirá el contenido del documento, encabezado por la palabra CERTIFICA o CERTIFICO, según éste se redacte en tercera o primera persona, y en caracteres destacados. Por lo general, los números se expresarán siempre en letras para dificultar posibles falsificaciones.

3. *Lugar y fecha.* Si el documento tiene caducidad, se expresará en letras. En caso contrario, no es necesario. Generalmente este párrafo va encabezado por la siguiente frase: Y para que conste, a petición del interesado, y a los efectos oportunos, firmo (o firma) el presente Certificado en... (lugar y fecha). Frecuentemente, «expido» sustituye a firmo.

4. *Firma.*

5. *Sello.*

En algunos casos, en el encabezamiento constará sólo el cargo, sin el nombre del titular. De ser así, la firma no irá únicamente rubricada, sino acompañada de la antefirma, con el nombre completo.

Para que un empleado obtenga permiso en el trabajo para presentarse a exámenes

D..., Director de la Escuela DUME, de Relaciones Públicas

> C E R T I F I C A: Que durante las semanas que se incluyen entre el dos y el diecisiete de junio, tendrán lugar en la Escuela los exámenes correspondientes al curso 1973-74.
> Que José Agulló Sanz está matriculado en el segundo curso y debe efectuar dichas pruebas.
> Para que conste, a petición del interesado, y a los efectos oportunos, firma este Certificado en Madrid, a diez de mayo de mil novecientos ochenta y seis.
>
> firma y sello

Certificado de buena conducta

Julián Gutiérrez Lloberas, Director-Gerente de Empresas Químicas, S. L.

CERTIFICO: Que D. Juan Ibáñez Cura ha prestado servicios durante cinco años en esta empresa, dando siempre muestras de gran eficacia y honradez.

Que su cese como empleado de nuestra firma se debe únicamente a la necesidad de un cambio de residencia, por motivos familiares.

Y para que conste, a petición del interesado, firmo este Certificado en Jaén, a siete de marzo de mil novecientos...

firma y sello

Certificado de un acta a efectos notariales

Antonio Pujadas Coll, Secretario de la Compañía Mercantill..., S. A., domiciliada en esta Ciudad, en...

CERTIFICO: Que en la Junta General Extraordinaria de Accionistas de la Compañía, reunida con carácter de universal por estar presentes, o debidamente representados, los socios que poseen la totalidad del capital social emitido y desembolsado, y acordar unánimemente su celebración, y que tuvo lugar en el domicilio de la Sociedad el día... del año en curso, habiéndose aprobado el acta en legal forma, se tomaron, por unanimidad, los siguientes acuerdos:

1.º Reelegir Administradores solidarios de la Sociedad, a D.ª... y a D..., por plazo de cinco años, y con todas las facultades que la Ley y los Estatutos sociales atribuyen al expresado cargo.

D.ª..., de nacionalidad española, es mayor de edad, soltera, domiciliada en..., calle..., provista del D.N.I. número...

D..., de nacionalidad española, es mayor de edad, casado, de profesión industrial, vecino de..., calle... y está provisto del D.N.I. número... Presentes am-

bos en el acto, aceptan los cargos a su favor diferidos, prometen desempeñarlos bien y fielmente, y afirman no hallarse incursos en ninguna de las incompatibilidades ni prohibiciones legales, en especial en las del Decreto Ley de 13 de mayo de 1955.
2.º Facultar a D.ª... para que, en nombre de la Compañía, comparezca ante Notario y otorgue la escritura pública y realice cuantos actos sean menester para la efectividad del anterior acuerdo.
Y para que así conste, expido el presente Certificado, con el V.º B.º del Presidente, en Barcelona, a veinticinco de octubre de mil novecientos ochenta y seis.

V.º B.º
El Presidente   El Secretario

Oficios

Son documentos usados por las Corporaciones u organismos oficiales, para comunicarse entre sí, o con los particulares. También los utilizan las Corporaciones y Asociaciones que, sin pertenecer a la Administración, tienen carácter público. Los oficios se usan para notificar algún hecho o acto realizado. Para adjuntar documentos, informes o dictámenes; para acusar recibo de alguna notificación, y, en fin, para cualquier clase de comunicación entre los Organismos de la Administración Pública, o de éstos a los particulares, y, como ya hemos dicho, entre Asociaciones y Corporaciones de carácter público.
A diferencia de la instancia, el oficio no entraña petición alguna si —en casos poco frecuentes— está suscrito por un particular.
Entre autoridades y corporaciones de análoga jerarquía, pueden hacerse peticiones por medio de oficios, así como cuando se trata de peticiones o tramitaciones reglamentarias que encierran un favor, un funcionario puede solicitarlo de sus superiores por medio del mismo. En realidad viene a ocupar en la relación entre organismos oficiales y corporaciones públicas, el papel que tiene la carta comercial o particular.
Sin que pueda darse una norma para su redacción, por la

diversidad de asuntos que pueden tratarse, debe procurarse que sea expresado en términos breves, concretos y ordenados, prescindiendo de formulismos inútiles.

Es necesario racionalizar su formato y la disposición de las distintas partes de que consta.

Como consecuencia de numerosos estudios realizados por especialistas, se recomienda la forma y distribución siguientes:

Formatos

Es aconsejable adoptar los tamaños siguientes:
UNE A4 (210 × 297 mm).
UNE 2/3 A4 (210 × 198 mm).
Suprimir el clásico tamaño cuartilla, por los motivos que exponemos a continuación:

El modelo UNE 2/3 A4 tiene los datos fundamentales de identificación en el mismo lugar que el UNE A4, lo cual facilita la labor de clasificación y archivo.

Evitar los inconvenientes que presenta un oficio de tamaño pequeño, archivado entre otros mayores. El UNE 2/3 A4 es más corto que el UNE A4, pero tiene la misma anchura, lo que permite alinearlos perfectamente por la parte superior. Los modelos propuestos no requieren más que un único modelo de sobre de ventanilla, lo cual no sucedería con el mantenimiento del tamaño cuartilla. Tienen también la ventaja de que estos formatos permiten ser utilizados tanto para oficios como para cartas, y se consigue la unificación tanto en tamaños como en diseño.

El uso del sobre de ventanilla es aconsejable, ya que ahorra mucho trabajo.

Distribución de las distintas partes de que consta el oficio

Membrete.   Estará contenido en la parte superior izquierda. Se procurará que tenga el mayor número de datos posible.

Fecha.   Puede figurar al lado derecho, opuesto al membrete, o bien debajo de éste. Debe ser la del día de salida de la dependencia, y no la del que se ha mecanografiado el escrito. A menudo pasan algunas fechas desde que se redacta hasta que se firma; por ello es conveniente que pueda escribirse independientemente del escrito. Pero, aunque esto sea lo aconsejable, en muchos casos todavía se escribe al final del cuerpo del documento.

Referencia y asunto. Figurará debajo del membrete, o de la fecha, si ésta se ha colocado a la izquierda, aunque puede también ir a la derecha, y por este orden: fecha, referencia y asunto.
A la oficina receptora le es muy cómodo que en el escrito se haga constar, en sitio visible, la referencia del oficio y el asunto del que se trata. Es muy útil en el registro y en la búsqueda del documento.

Dirección. Si se usan sobres de ventanilla —lo que es aconsejable— se colocará en la parte superior derecha, a unos cinco centímetros del borde superior. De no usarse dichos sobres, la altura a que se escriba tiene menor importancia, pero va cayendo en desuso ponerla al pie del escrito, aunque algunos siguen con esta costumbre.

Cuerpo del escrito. Se dejará un espacio prudencial después de la dirección, y un margen a la izquierda relativamente ancho, aunque menor que en las instancias.

Antefirma y firma. Irán a continuación del cuerpo del escrito, es decir, debajo del mismo, y algo más a la derecha. Se hará constar el cargo y el nombre y apellidos de quien lo ostenta.
Después del cuerpo del escrito, a igual que en las instancias, acostumbra a ponerse la fórmula: Dios guarde a (tratamiento) muchos años.

Ejemplos :

Comunicación de haber sido aprobada una subvención

Madrid, ... de... de 19...

Ministerio de Educación y Ciencia
Presidente de la Comisión
de...

D.ª Juana González Luna
Directora de la Escuela...
Buenos Aires, 54
BILBAO

Asunto: Punto 24 del Acta
N.° 19/20 de la Junta Ase-
sora de Expansión Cul-
tural.

Para su conocimiento y efectos oportunos, a continuación transcribo el punto 24 del Acta n.° 19/20
de la Junta de Expansión Cultural, de la sesión celebrada el día 3 del pasado mes de noviembre.
«Contribución a los gastos ocasionados por Centros Docentes relacionados con la Enseñanza de
Idiomas: Escuela... de Bilbao.»
Se aprueba el gasto con cargo al Concepto 23.374,
por un importe de... pesetas.

Dios guarde a usted muchos años.

EL PRESIDENTE DE LA COMISION
DE...

(firma)
Feliciano Fernández

Citación de comparecencia

(membrete)

....

....

....

Madrid, ... de... de 198...
Expediente núm...

Sr. D. ....

Calle ....

Población ....

Se requiere a Vd. para que el día... de... de...,
en las... horas comparezca en estas oficinas, Ne-
gociado..., sitas en la calle... número... para proceder a...

Dicha comparecencia es obligatoria, según está dispuesto en el... (Decreto, Ley, Orden) sobre...
de fecha..., artículo... La no presentación en la fecha indicada, salvo causa de fuerza mayor plenamente justificada, dará lugar a las sanciones pre-
vistas por la Ley.

Dios guarde a Vd.

EL... (cargo)
Nombre y apellido

Se ruega completar documentación

Ministerio de Comercio
....
Madrid
3 de diciembre de 1986
Asunto: Viaje a París y Londres
      del Comité Coordinador
      de la Moda Española

Sr. D. ....
Presidente del Comité
Coordinador de la Moda
Española
Balmes, 346
BARCELONA

En el escrito —cuya fotocopia se acompaña— dirigido por S.E. el Sr. Ministro de Comercio al de Hacienda, con fecha... se preveía la cantidad de... como reserva para poder cumplimentar los gastos de otros conceptos, previa aprobación de la Comisión Interministerial.

La Comisión Interministerial para la Promoción de la Moda acordó en su día subvencionar un viaje a París y Londres a ese Comité Coordinador.

El expediente está completo, a falta únicamente de las facturas de la Agencia de Viajes que organizó dichas visitas, por lo que ruego a Vd. que, a la mayor brevedad posible, y con carácter urgente, envíe copias de dichas facturas para poder iniciar el expediente para el pago de este viaje.

Dios guarde a usted muchos años.

EL PRESIDENTE
Julián Santos

Comunicación cuando se concede subvención y envío de la misma

CAMARA DE COMERCIO, INDUSTRIA Y NAVEGACION

Fuensanta, 25
CORDOBA
Ref. AFG/sdm
Asunto: Concesión y envío
       Subvención a Gre-
       mio Orfebres

Sr. D. ....
Presidente del Gremio
de Orfebres
San Sebastián, 17
CORDOBA

Nos complace comunicarles que esta Cámara apro-
bó, en la última Sesión Plenaria, conceder a ese
Gremio de Orfebres de Córdoba, la cantidad de pesetas cincuenta mil (50.000,—) en concepto de subvención para el año en curso.

La expresada cantidad será transferida a la cuenta
a nombre del Gremio que figura abierta en el Banco de Andalucía, Agencia n.°... de esa Ciudad; ro-
gándole a tal efecto se sirva acusarnos el correspondiente acuse de recibo.

Con tal motivo nos complace saludarle muy atentamente.

Dios guarde a Vd. muchos años.

Córdoba, 24 de enero de 1986.

EL PRESIDENTE   EL SECRETARIO GENERAL
Joaquín Aguirre   José M.ª García

Del particular a la empresa

A la Agencia de Viajes

Para pedir información sobre viajes organizados

lugar y fecha

Agencia de Viajes...
....

Les agradeceríamos nos remitieran la máxima información posible sobre viajes organizados a..., de una duración aproximada de... días, y que tuvieran su salida durante el mes de agosto.
Pueden interesarnos tanto los que se realizan en avión como en autocar.
Agradecemos de antemano su atención y les saludamos atentamente.

firma

Para preguntar si quedan plazas para un viaje organizado

lugar y fecha

Agencia de Viajes...
....

Estamos muy interesados en el viaje que ustedes organizan a..., y que tiene su salida el día... de...
Desearíamos saber si existe la posibilidad de conseguir dos plazas para el mismo y, en caso afirmativo, la forma en que debemos efectuar la reserva y los pagos correspondientes.
En espera de sus prontas noticias, atentamente les saludamos.

firma

Reserva de vuelo

lugar y fecha

Agencia de Viajes...

Agradeceremos tomen nota de reserva de dos plazas para
el vuelo Madrid-Londres, del día... de..., en clase turística.
Creemos que por la mañana existe un vuelo de la Cía..., con
la que tenemos preferencia por volar, por las muchas atenciones que siempre dispensan a sus pasajeros.
Rogamos nos indiquen la forma de pago de los pasajes.

Atentamente,

firma

Reserva de vuelo y pregunta si existe tarifa de excursión

lugar y fecha

Agencia de Viajes...

Agradeceríamos nos reservaran tres plazas para el vuelo Bar-
celona-París, del próximo lunes día...
Pensamos pasar una semana en dicha ciudad, por lo que les
rogamos nos indiquen si existe alguna tarifa reducida de excursión.

Atentamente,

firma

Para reservar billetes de tren

lugar y fecha

Agencia de Viajes...

Rogamos reserven tres plazas para el talgo Zaragoza-Madrid,
en primera clase, para el próximo día...
De no tener ustedes inconveniente, las recogeríamos y abo-
naríamos el mismo día por la mañana, en sus oficinas.

Atentamente,

firma

Información sobre un «forfait»

Agencia de Viajes...
                                           lugar y fecha

Agradeceríamos mucho nos informaran sobre los viajes que anuncia su agencia, que incluyen viaje y estancia de cinco noches en Roma.
En espera de sus noticias, les saludamos atentamente.

                                           firma

Sobre posibles descuentos a grupos

Agencia de Viajes...
                                           lugar y fecha

Desearíamos organizar un viaje de grupo a..., para el próximo mes de...
Nos interesaría conocer qué tipo de reducción podrían ofrecernos según el número de personas que formen la expedición, y cuáles son los mejores itinerarios que nos aconsejan. Rogamos nos envíen presupuesto de los mismos. El viaje duraría de 15 a 18 días.
En espera de sus noticias, atentamente les saludamos.

                                           firma

Petición de presupuesto

Agencia de Viajes...
                                           lugar y fecha

Desearíamos nos enviaran presupuesto para un viaje de 15 días a..., en avión, clase turística y hoteles de segunda, para cuatro personas. Necesitaríamos dos habitaciones dobles con baño o ducha.
En espera de sus noticias, atentamente,

                                           firma

218

Pidiendo reserva de billetes, habitación y un coche de alquiler sin chófer

Agencia de Viajes...   lugar y fecha

Desearía reservaran a mi nombre dos billetes de avión, Barcelona-Bruselas, para el próximo día... de..., clase turística, así como una habitación doble, con baño, en un lugar céntrico de la ciudad.
Estamos también interesados en alquilar un coche sin chófer para realizar excursiones por los alrededores. Les agradeceríamos se ocuparan también de ello, y lo encontráramos a nuestra disposición el día siguiente de nuestra llegada, en el hotel.
En espera de sus noticias, atentamente les saluda,

                                                          firma

P.D.: El hotel, a ser posible, que sea de tres estrellas.

Petición de presupuesto de viaje, según distintos medios de transporte

Agencia de Viajes...   lugar y fecha

Cada año un grupo de amigos realizamos un viaje de dos semanas por algún país europeo, en coche.
Debido a la complejidad y encarecimiento del tráfico rodado, hemos decidido este año efectuar el viaje en avión o en tren.
Agradeceríamos a su Agencia nos enviara presupuestos e itinerarios de un viaje de 15 días, para seis personas, por Holanda y Dinamarca, en hoteles de primera categoría y habitaciones dobles.
Les rogamos nos envíe un presupuesto del viaje en tren y otro en avión.
Esperamos sus noticias y les saludamos atentamente.

                                                          firma

*Información sobre descuentos de viaje en tren al extranjero,
para familias numerosas*

lugar y fecha

Agencia de Viajes
....

Les rogamos nos informen sobre la posibilidad de conseguir
reducción en las tarifas de tren, para viajes al extranjero, a
los poseedores del carnet de familia numerosa.
Agradecemos de antemano su atención y les enviamos un
atento saludo.

firma

---

*Petición de información sobre fechas
de un campeonato deportivo*

lugar y fecha

Agencia de Viajes...
....

Les agradeceríamos mucho nos enviaran información sobre
las fechas en que se celebran los campeonatos anuales de...
en...
Rogamos nos adjunten los precios del viaje y estancia por
persona, y la posibilidad de conseguir un descuento en caso
de viajar en grupo.
Atentamente,

firma

Información sobre la fecha de un Congreso

lugar y fecha

Agencia de Viajes...
....

Les agradeceríamos nos informaran sobre las fechas en que
se va a celebrar el congreso mundial de..., en la ciudad de...
Recurrimos a ustedes por dedicarse habitualmente a la organización de este tipo de viajes, y suponer se hacen también
cargo del mismo.
Rogamos disculpen las molestias y les saludamos atentamente.

firma

Preguntando dónde se halla la Secretaría General de un Congreso

lugar y fecha

Agencia de Viajes...

Rogamos disculpen la molestia que les podamos ocasionar, pero recurrimos a ustedes por ser los habituales organizadores de los viajes y estancias relacionados con Congresos Internacionales.

Necesitamos conocer la dirección de la Secretaría General del Congreso de..., que se celebrará en... del... al... de...

Muy agradecidos por su atención, y en espera de sus noticias, atentamente les saludamos.

firma

Información sobre los requisitos exigidos para un viaje a Oriente, en cuanto a los diversos requisitos burocráticos

lugar y fecha

Agencia de Viajes...

Tenemos plazas reservadas para el viaje que ustedes organizan a... y quisiéramos conocer todos los requisitos burocráticos que son necesarios cumplimentar, así como los certificados médicos y de vacunación que deben acompañarles. Suponíamos que nos habrían enviado ustedes ya esta información, tal como nos indicaron el día que formalizamos las reservas.

En espera de sus noticias, reciban un atento saludo.

firma

Información sobre viajes en barco

lugar y fecha

Agencia de Viajes...

Agradeceremos nos envíen la mayor información posible sobre las Compañías Marítimas que realicen los trayectos... Estamos muy interesados en efectuar un viaje por mar durante el próximo mes de junio, y hemos creído que ustedes podrían facilitarnos toda clase de detalles.
Rogamos nos disculpen por las molestias y les saludamos atentamente.

firma

Sobre la posibilidad de viajar acompañados de animales

Agencia de Viajes...

Tenemos reservadas dos plazas para el viaje que ustedes organizan a..., y desearíamos saber si podemos llevar con nosotros a nuestro... (tipo de animal), pues no tenemos a nadie que pueda hacerse cargo de él durante nuestra ausencia.
En espera de sus noticias, les saludamos atentamente.

firma

Sobre qué condiciones deben trasladarse los animales

lugar y fecha
Agencia de Viajes...

Agradeceríamos que nos informaran en qué condiciones debemos trasladar a nuestro... (nombre animal), que llevamos con nosotros en nuestro viaje a...
Si debe ir enjaulado, les rogamos nos indiquen qué requisitos debe reunir la jaula, y a partir de qué peso.
De no poder viajar con nosotros, sírvanse informarnos sobre el modo de facturarlo.
Atentamente les saludamos.

firma

Agradecimiento a una Compañía aérea por las atenciones dedicadas a un niño que viajaba solo

Cía. Aérea...   lugar y fecha

Estamos muy agradecidos por las atenciones y cuidados que han dispensado a nuestro hijo durante el vuelo que realizó solo de... a..., en un avión de su Compañía.
Su amabilidad y consideración son ya conocidas, pero nos alegra haberlo podido comprobar personalmente.
Muchísimas gracias y nuestra más sincera felicitación por el buen servicio de su Compañía.
Atentamente.

                                                   firma

Información para embarcar el coche

Agencia de Viajes...

Tenemos reservado billete para..., y hemos pensado en la posibilidad de embarcar el coche con nosotros.
Les agradeceríamos nos informaran de todos los requisitos a cumplimentar y de la tarifa correspondiente para un coche... (tipo coche).
Agradecidos por su atención, atentamente les saludamos.

                                                   firma

Agradecimiento por la perfecta organización de un viaje

Agencia de Viajes...

Acabamos de llegar de nuestro magnífico viaje a..., organizado por su agencia.
Permítanos felicitarle por el éxito del mismo, la perfecta coordinación y lo acertado de los itinerarios escogidos, así como por la amabilidad de los guías que nos acompañaban.
Tendremos muchos gusto, en un futuro que esperamos sea próximo, volver a confiar en ustedes para que organicen nuestras salidas de vacaciones.
Reciban nuestro cordial saludo y felicitación.

                                                   firma

223

Agradecimiento por atenciones recibidas

Agencia de Viajes...

....

Permítanos felicitarles por la magnífica organización de su viaje, y especialmente deseamos agradecerles todas las atenciones recibidas durante la indisposición que sufrió mi esposa durante el mismo.
No duden pueden contar con nosotros como asiduos clientes.
Muchísimas gracias y un cordial saludo.

firma

Cancelación de un viaje

Agencia de Viajes...

....

Sentimos mucho comunicarles la imposibilidad de realizar con ustedes el viaje programado a..., por causas familiares.
Rogamos se sirvan anular nuestras plazas y nos disculpen.
Como es de esperar, pagaremos los derechos de reserva.
Agradecemos sus atenciones, y esperando poder viajar con ustedes en otra ocasión, les saludamos muy atentamente.

firma

Cancelación de una reserva de apartamento

Agencia de Viajes...

....

Les rogamos anulen la reserva de apartamento en..., que teníamos hecha para el mes de julio.
Motivos imprevistos nos impiden este año desplazarnos fuera de la ciudad para pasar las vacaciones.
Atentamente les saluda,

firma

Reclamaciones

Por pérdida de equipaje

lugar y fecha

Agencia de Viajes...

Después de un feliz viaje, sentimos tener que lamentar una mala organización a la llegada al aeropuerto.
No pudimos encontrar nuestras maletas, aunque hicimos las correspondientes reclamaciones a la Compañía aérea, que nos dio, a tal efecto, el PIR n.°...
Se lo adjuntamos para que hagan las gestiones pertinentes a fin de que podamos recuperar el equipaje lo antes posible.
En espera de sus noticias, atentamente les saludamos.

firma

Por robo de equipajes

lugar y fecha

Agencia de Viajes...

Es francamente lamentable la poca atención prestada a los equipajes de los pasajeros del viaje organizado por su Agencia a..., y que finalizó el pasado sábado.
Con frecuencia no podíamos disponer de ellos a la llegada a los hoteles, hasta un par de horas después, y, como gota final, tres maletas —una de las cuales era nuestra— fueron robadas de la furgoneta que las transportaba.
No podemos contener nuestra indignación y, en el caso de que no se encuentren, nos veremos obligados a exigirles la correspondiente satisfacción económica por el valor de las prendas de abrigo que hemos tenido que reemplazar, y por los objetos de regalo que habíamos adquirido durante el viaje.
Rogamos hagan de inmediato cuantas gestiones estimen oportunas, y nos satisfagan por los daños que su negligencia ha causado.
Atentamente.

firma

225

Por el mal estado en que ha llegado el equipaje

lugar y fecha
Agencias de Viajes...
....

Les agradeceríamos mucho que hicieran la correspondiente reclamación a la Compañía Aérea..., por medio de la cual hemos efectuado el viaje que ustedes organizaron a..., por el mal estado en que ha llegado nuestro equipaje.
No sólo las maletas han sufrido desperfectos considerables, sino que varias de las prendas y objetos que contenían se han deteriorado a consecuencia de la humedad.
No alcanzamos a comprender cómo no disponen de medidas adecuadas para resguardar los equipajes de las inclemencias del tiempo, durante su traslado del avión al aeropuerto.
Espero que puedan encontrar una solución para resarcirnos de los daños que nos han causado.
Referente a los servicios de su Agencia no tenemos queja alguna. Han sido correctos en todo momento.
En espera de sus noticias, atentamente les saludamos.

firma

Por el mal servicio en los hoteles

lugar y fecha
Agencia de Viajes...
....

Lamentamos mucho tener que escribirles esta carta, pero creemos que es nuestra obligación exponerles nuestras impresiones sobre la organización del viaje.
El programa era ideal, pero ha resultado casi un fracaso debido a las malas condiciones de los establecimientos hoteleros en que nos alojaron. Excepto en algunas poblaciones, no correspondía a la categoría que ustedes habían indicado, y mucho menos al precio que por ellos pagábamos.
Pensamos que la causa haya sido el escaso conocimiento por su parte de los establecimientos en que se reservaron las pla-

zas, pero, aunque así fuera, es un error imperdonable en una Agencia de su prestigio.

Esperamos que tendrán en cuenta nuestra queja, que creemos no habrá sido la única que ustedes hayan recibido respecto al citado viaje.

Atentamente les saludamos.

firma

Por la mala organización del viaje

lugar y fecha

Agencia de Viajes...

Lamentamos tener que escribirles una carta de queja, pero estamos muy poco satisfechos del viaje realizado a... por medio de su Agencia.

Los servicios de los hoteles en que nos alojaron fueron francamente deficientes, y las visitas programadas faltas de intérpretes en nuestro idioma y algunas de ellas carentes de interés.

Consideramos también excesivos los días que permanecimos en..., y muy escasos los pasados en..., ciudad con una riqueza cultural inmensa y una vida artística y comercial verdaderamente interesante.

Desconocemos si han recibido otras quejas sobre el particular, pero podemos asegurarles que gran número de pasajeros participaban de nuestras opiniones.

Atentamente les saludamos.

firma

A una compañía aérea protestando del retraso de un avión

Cía. Aérea...

El pasado día... realicé un vuelo de... a..., en donde debía personarme para un asunto urgente.

Reservé billete para el vuelo que salía a las..., lo que me permitía llegar a la ciudad de destino con tiempo suficiente. Pero no fue así. El avión despegó con más de una hora de retraso, sin que se diera cuenta del motivo a los pasajeros. El vuelo fue también lento, de modo que llegué al hotel con media hora de retraso, con el considerable perjuicio que ello representó para mí.

Mi más firme protesta sobre el hecho y, especialmente, por la falta de atención hacia los pasajeros que no recibieron, en momento alguno la más leve excusa o explicación.

Atentamente.

.   firma

Por retraso de vuelo y pérdida de conexión con el siguiente

Cía. Aérea...
....

El pasado... realicé un vuelo con su compañía, lo que lamento sinceramente.

A las... debíamos partir del aeropuerto de... hacia..., y allí enlazar con el avión de la Cía., procedente de... y con destino a...

Por motivos no determinados, el avión salió con tanto retraso que fue imposible realizar la conexión, lo que representó un grave contratiempo en el viaje de negocios que realizaba, ya que no había otro vuelo hasta transcurridas veinticuatro horas.

Lamento tener que informarles que pediré indemnización por los perjuicios que me han causado.

Atentamente

firma

A los hoteles

Reserva de habitación

lugar y fecha

Hotel...
....

Rogamos nos reserven una habitación doble, con baño, para las noches del 3, 4, 5, 6 y 7 del próximo mes de junio.

Efectuamos el viaje en coche, por lo que les agradeceremos

no anulen la reserva aunque lleguemos a altas horas de la noche.

Esperamos su confirmación y les saludamos atentamente.

firma

Reserva de habitaciones y media pensión
(Preguntar si los niños tienen descuento)

lugar y fecha

Hotel...

Les agradeceríamos nos reservaran dos habitaciones dobles, a ser posible comunicantes, para las fechas comprendidas entre... y..., ambas inclusive. Al menos una de ellas con baño.

Rogamos nos indiquen si existen tarifas reducidas para menores de 10 años, ya que no llegan a esta edad los dos hijos que nos acompañan.

Desearíamos régimen de media pensión.

Esperamos sus noticias y les saludamos atentamente.

firma

Es conveniente avisar a los hoteles en qué medio de transporte se viaja, especialmente si es en coche, para que no anulen nuestra reserva ante un posible retraso.

Se aconseja también solicitar confirmación de las reservas, para tener un comprobante en caso de error.

Para rogar nos envíen un objeto olvidado en la habitación

Hotel...

El pasado día... ocupamos la habitación número... en su hotel, y olvidamos... en el armario del mismo.

Les agradeceríamos mucho nos lo remitieran, por correo, o por Agencia de transportes, a pagar en destino.

Esperamos no haberles causado demasiadas molestias. Atentamente.

firma

Carta de protesta por los malos servicios

Sr. Director del Hotel...

No es muy grato escribirle por motivos poco agradables, pero creo debe estar informado de las pocas atenciones que sus empleados tienen para con los huéspedes del hotel.
Verdaderamente el servicio es muy defectuoso, desde la limpieza de las habitaciones, hasta la calidad de la comida.
No esperábamos un servicio tan deficiente en un hotel que pretende encuadrarse entre los de tres estrellas.
Hace algunos años habíamos pasado en él unos días y guardábamos un agradable recuerdo, estropeado completamente en esta última estancia.
Atentamente.

firma

Al Banco

El Banco se ha convertido en los últimos años en una entidad imprescindible para cualquier ciudadano. Ha quedado atrás la imagen de ser el lugar en el que se depositaban los ahorros para que nos devengaran unos intereses. En la actualidad, los múltiples servicios que nos presta representan una ayuda sumamente eficaz, especialmente por la escasez de tiempo con que todos contamos.
A través de la cuenta corriente o de la libreta de ahorro, podemos hacer efectivos todos los recibos periódicos, ahorrándonos preocupaciones, gestiones y muchas horas.
Para las grandes compañías, que cobran miles de recibos, se ha convertido también en ayuda eficaz y ha representado una considerable reducción en su personal.
Operar desde una Caja o un Banco tiene también otras ventajas. Un cliente habitual, cumplidor en sus pagos, halla siempre mayores facilidades en la consecución de un crédito, si algún día necesita recurrir a él.
Los Bancos disponen de unos impresos que, con sólo rellenarlos y firmarlos, conseguimos la domiciliación de un recibo. Pero podemos encontrarnos con dificultades de personarnos en los mismos, bien por trabajo, por hallarnos ausentes o enfermos, etc. Daremos, pues, algunos ejemplos de cartas sobre temas que se dan con suma frecuencia.

230

Para pedir domicilien los recibos del alquiler

lugar y fecha

Bco... (o Caja)
Agencia (o sucursal) n.°

Ruego a ustedes que, a partir de esta fecha y hasta nuevo aviso, se sirvan pagar con cargo a mi cuenta corriente o libreta de Ahorro, los recibos correspondientes al alquiler de mi piso y cuyos detalles especifico al pie.
Atentamente les saluda,

firma

Nombre del titular del piso

Domicilio... (ciudad, calle, número y piso)

Cantidad mensual...

N.° cuenta corriente o Libreta Ahorro...

Titular de la cuenta...

Para domiciliar los recibos de la luz y del gas

lugar y fecha

Bco. o Caja...
Agencia...

Ruego a ustedes se sirvan atender, con cargo a mi cuenta corriente n.°..., los recibos de la compañía de Gas y Electricidad, de mi piso, situado en la calle... n.ª..., puerta... que figuran a mi nombre.
En la confianza de verme complacido, aprovecho la ocasión para saludarles muy atentamente.

firma

Para domiciliar suscripciones

lugar y fecha

Bco...

Agencia...

Les agradeceré que, a partir de esta fecha, se sirvan atender los recibos correspondientes a las suscripciones del periódico... y de las revistas..., con cargo a mi cuenta de ahorro n.°...

En la espera de verme complacido, atentamente les saluda,

firma

Solicitud de préstamo

lugar y fecha

Sr. Director del Banco...
....

Distinguido señor:

Desde hace varios años opero en su Banco, teniendo domiciliado en él todos mis recibos y gestionando, a través de ustedes, todas las operaciones que llevo a término.

Durante el transcurso de estos años habrán podido observar la seriedad y prontitud en mis pagos, así como la liquidez que presentan mis cuentas corrientes y libretas de ahorro.

En estos momentos necesito de ustedes me concedan un préstamo, por valor de..., para efectuar el primer pago del piso en que vivimos y que nos obligan a comprarlo si queremos seguir en él. Como usted comprenderá no dispongo de una cantidad tan elevada, por lo que recurro a ustedes en solicitud de la misma. Espero puedan atenderme y me informen de los requisitos necesarios para la tramitación del mismo.

En espera de sus noticias, atentamente les saluda,

firma

Nombre...

Dirección

N.° cuenta...

Al Banco rogando deje de pagar unos recibos domiciliados allí hasta la fecha

Bco...
Agencia...

Rogamos que, a partir del primero del próximo mes de... no paguen los recibos correspondientes a nuestra cuota de socios del Club..., por habernos dado de baja del mismo. Suponemos que no se los pasarán al cobro, pero ante la posibilidad de algún error, rogamos tomen nota de ello.
Atentamente les saluda

firma

Rogando cancelen nuestra cuenta corriente

lugar y fecha

Bco...
Sucursal...

Agradeceríamos cancelaran nuestra cuenta corriente n.º..., traspasando el pequeño saldo que hay en ella a nuestra libreta de ahorro n.º...
Atentamente les saluda

firma

Rogando acudan a nuestra libreta de ahorro en caso de no tener suficiente dinero en la cuenta corriente para pagar un recibo o una letra.

lugar y fecha

Bco...
Agencia...

Agradeceríamos que, de no disponer en nuestra cuenta corriente n.º... del dinero suficiente para efectuar algún pago a nuestro cargo, se sirvan utilizar el depositado en nuestra libreta de ahorro n.º...
Gracias por su atención y reciban un atento saludo.

firma

Solicitud de una apertura de crédito con pignoración

lugar y fecha

Bco...
....

Agradeceríamos nos comunicaran, lo antes posible, si pueden abrirnos un crédito por valor de... ptas., para lo cual depositaríamos los siguientes títulos...: (relación de los mismos). Les rogamos nos indiquen si son suficientes estos valores como garantía.

En espera de sus noticias, atentamente les saludan

firma

Para solicitar un anticipo sobre Letras a cobrar

lugar y fecha

Bco...
....

Desde hace varios años vengo operando en su estimado Banco, efectuando a través de él todas las operaciones de mi empresa.

Durante este tiempo habrán podido comprobar la prontitud con que hacemos los pagos, y la buena liquidez con que siempre hemos contado. En estos momentos nos vemos obligados a comprar una nueva máquina, cuyo importe asciende a... pesetas, cantidad superior a la que disponemos en estos momentos.

Agradeceríamos nos concedieran un anticipo de un 40 % sobre las letras que a partir de ahora podré presentar al cobro.

Todas las letras van a cargo de firmas de conocida solvencia, por lo que no creo sea ningún riesgo para ustedes concedernos el anticipo sobre las mismas.

En espera de su respuesta afirmativa, atentamente les saluda,

firma

234

Cartas de órdenes de crédito

Son aquellas mediante las cuales una persona o entidad se dirige a otra solicitándole pague al beneficiario de la misma una cantidad, cuyo límite determina, en una o varias veces, e indicando también el plazo máximo para hacerlo.

Las cartas de crédito se entregan al beneficiario de las mismas, quien firmará al pie, y cuya firma sirve de comprobante de su personalidad en el momento de efectuar el cobro.

Se extiende un recibo por duplicado del pago efectuado, uno de los cuales se envía al que había extendido la carta de crédito, como comprobante de haber efectuado el pago.

Las Cartas de Crédito circulares son aquellas que van dirigidas a varias personas o entidades de distintas localidades.

Los Bancos acostumbran a extenderlas para que sus clientes puedan efectuar cobros en todas sus sucursales.

En esos casos las cantidades entregadas se anotan al dorso, para que en las sucesivas entidades bancarias puedan comprobar qué cantidad pueden hacer efectiva para no excederse del importe máximo que figura en la carta de Crédito.

A un gestor

Cada día es más frecuente usar de los servicios de un gestor administrativo para que se ocupe de todos los papeles referentes a nuestro coche, pasaporte, liquidación de impuestos, etcétera. Es tal la complicación que el papeleo requiere, y tanto el tiempo que se pierde ocupándose personalmente del asunto, que es mucho más rentable y eficaz encargar a un gestor la tramitación de los mismos.

Éste nos avisará y asesorará debidamente y nos evitará la frase tan frecuente que se oye tras una ventanilla: «Le falta a usted un papel». «Este documento debería ir acompañado de una póliza...» «Vuelva usted cuando tenga la documentación completa», etc. Además nos pondrá sobre aviso cuando se acerque la caducidad de los mismos y haya que tramitar la debida renovación.

También los gestores, en general, se especializan.

En líneas generales diremos que unos tratan con preferencia las cuestiones de tipo social: seguridad social, retiro o jubilación, enfermedad, carnet de familia numerosa, etc., y otros la tramitación de documentos que podríamos calificar de públicos, como son pasaportes, partidas de nacimiento, permisos de conducir, tramitación de los documentos del coche, impuesto de circulación y de lujo, etc.

Como es lógico, las gestiones pueden hacerse directamente en los Organismos competentes; no pretendemos, sin embargo, convencer al lector de que use los servicios de un gestor. El redactado de la carta será prácticamente el mismo.

Petición de partida de nacimiento

lugar y fecha

Sr. D...

....

Agradecería mucho me enviara, contra reembolso, partida de nacimiento legalizada.
Mis datos son los siguientes:

Nombre...

Apellidos...

Nacido en...

Provincia de...

Fecha...

Nombre del padre...

Nombre de la madre...

En espera de sus noticias, atentamente le saluda.

firma

Como es de suponer, se hará constar siempre la dirección en caso de ser el primer contacto con el gestor, esto es, de no ser clientes habituales suyos.
Puede también solicitarse que se envíe con carácter de urgente, si el tiempo apremia.

Certificado de penales

lugar y fecha

Gestoría Administrativa...

Agradecería me remitieran, lo antes posible, un certificado de penales para pasaporte.
Mis datos son los siguientes:

Nombre...

Apellidos...

Edad...

Natural de...

Nombre del padre...

Nombre de la madre...

Pueden enviarlo contra reembolso.

Atentamente les saluda,

firma

Cuando se solicita un certificado de penales hay que hacer constar por qué motivo, como en el caso anterior en el que hemos indicado se necesitaba para el pasaporte.

Para la tramitación de un pasaporte

lugar y fecha

Gestoría Administrativa...

A la atención del Sr... (en caso de ser clientes habituales y conocerle personalmente).
Les ruego me tramiten un pasaporte nuevo, ya que el actual caducará aproximadamente dentro de un mes.

Les adjunto las fotografías necesarias, y les agradeceré que me envíen para firmar los impresos pertinentes.

Desearía que me comunicaran con cierta anticipación el día en que debemos encontrarnos en Jefatura de Policía, sección de Pasaportes, para la firma del mismo.

Atentamente les saluda,

firma

Para la renovación de un permiso de conducir

lugar y fecha

Gestoría Administrativa...

Estoy en posesión del permiso de conducir de 2.ª desde el año... Dentro de pocas semanas va a caducarme, por lo que les agradecería se hicieran cargo de tramitarme la renovación del mismo.

En espera de sus noticias, atentamente les saluda,

firma

Nombre...

Apellidos...

Lugar y fecha nacimiento...

Domicilio...

N.º del Carnet de conducir...

Expedido en... con fecha...

Para el pago del impuesto de circulación y de lujo

Gestoría Administrativa...

A la atención de D...

Le agradecería se hiciera cargo del pago del impuesto de circulación y de lujo de mi coche marca... de CV..., con matrícula... a nombre de... con domicilio en... calle...

Le abonaré los gastos al recibo de los documentos, contra reembolso.

Atentamente les saluda,

firma

238

Para la tramitación de la declaración de renta

Gestoría Administrativa...

A la atención del Sr...

Le adjunto los impresos, debidamente cumplimentados, según me indicó, referentes a la declaración anual de renta, para que se sirva presentarlos en su momento, en la Delegación de Hacienda.
Ruego me comunique si faltan algún detalle o documento, para proceder a su rápida cumplimentación y envío.
Atentamente le saluda,

firma

Para la tramitación de un carnet de familia numerosa

Gestoría Administrativa...

Les agradecería se hicieran cargo de la tramitación de mi carnet de familia numerosa, para lo cual les agradeceré me envíen los formularios a rellenar y los documentos que deben acompañarles.
Pagaré sus servicios al recibo del carnet, contra reembolso.
Gracias anticipadas y un atento saludo,

firma

Para solicitar una partida (o fe) de bautismo

Se escribirá a la Parroquia en que tuvo lugar el bautizo

lugar y fecha

Rvdo. D...
Párroco de...
....

o

Rvdo. Sr. Párroco de...
....

Le agradecería me enviara una partida (o fe) de Bautismo, necesaria para la tramitación de mis papeles para contraer matrimonio.
Mis datos son los siguientes:
Nombre...
Apellidos...
Nombre del padre...
Nombre de la madre...
Fecha aproximada del bautizo...
Le ruego me lo envíe, contra reembolso, a la dirección que figura en el remite.
Gracias por su atención, y reciba mi cordial saludo.

Solicitando una partida de confirmación

lugar y fecha

Rvdo. Sr. Párroco de...
....

Le agradecería me enviara lo antes posible, y contra reembolso, una partida de confirmación de mi hijo... (nombre y apellidos), celebrada el año..., y cuya fecha exacta no puedo recordar.
Le doy las gracias anticipadas y le saludo atentamente.

firma

Nombre...
Domicilio...
Localidad...

240

A la Seguridad Social, Mutua y Compañía de Seguros

No existe prácticamente nadie que no pertenezca a la Seguridad Social, esté afiliado a alguna mutua, o tenga extendida una póliza de seguros.

Aquellos que tienen coche deben, como mínimo, tenerlo asegurado contra terceros.

Es también muy frecuente hacerse seguros de vida, de entierro, de accidentes, de enfermedad... Serán, pues, muchas las veces que deberemos ponernos en contacto con la Seguridad Social o con las Compañías particulares aseguradoras.

Aviso de cambio de domicilio

lugar y fecha

Cía...
....

Rogamos tomen nota, a los efectos oportunos, de nuestro traslado de domicilio a la calle..., n.º..., tel..., a partir del próximo mes.
Atentamente,

firma

Nombre del afiliado...
N.º de póliza...
Domicilio hasta el momento...

Cuando se cambia de domicilio y se solicita el nombre del nuevo médico de cabecera correspondiente

lugar y fecha

....

....

Rogamos tomen nota de nuestro domicilio, calle..., n.º... a los efectos oportunos, y les agradeceremos nos indiquen el nombre y dirección del médico de cabecera que nos corresponde en el nuevo sector de la ciudad al que nos hemos trasladado.

241

Muchas gracias por su atención. En espera de sus noticias les saludamos atentamente.

firma

Nombre del abonado o afiliado...
Domicilio hasta el momento...
N.° de póliza...

Baja de una asociación médica por servicios defectuosos

lugar y fecha

....
....

Sentimos tener que solicitar la baja de su Asistencia Sanitaria, después de tantos años de cotizar en la misma.
Nunca, hasta el momento, habíamos necesitado de sus servicios, pero lamentablemente, en el momento de precisar de ellos, hemos quedado muy descontentos, tanto de la asistencia médica como de los servicios sanitarios.
Rogamos que, a partir del próximo mes, seamos considerados baja de los mismos y dejen de pasar al cobro las correspondientes cuotas.
Atentamente.

firma

Nombre del afiliado...
N.°...
Domicilio...

Los que pertenecen a la Seguridad Social del Estado, deben hacer sus gestiones por medio del Instituto Nacional de Previsión, en los departamentos pertinentes, según el asunto de que se trate.

Baja de un familiar

lugar y fecha

....
....

Agradeceremos tomen nota de la baja del hasta ahora asegurado..., con cartilla n.°..., por fallecimiento del mismo.
Atentamente.

firma

242

Alta de un familiar en la asistencia médica

lugar y fecha

....
.... (entidad y dirección)

Rogamos incluyan en nuestro seguro médico n.°..., a mi madre, trasladada recientemente a vivir con nosotros, y cuyos datos detallamos a continuación:

Nombre...

Apellidos...

Edad... (lugar y fecha nacimiento)

Domicilio...

Agradeceríamos nos indicaran el cambio que esta alta representará en la cuota mensual, y si tenemos que cumplimentar alguna formalidad.
Esperamos sus noticias y atentamente les saludamos.

firma

Alta de un nuevo hijo

lugar y fecha

....
.... (entidad y dirección)

Agradeceremos den de alta en nuestro seguro médico familiar a nuestro nuevo hijo..., nacido el día... de... de... y nos indiquen el incremento que representará en nuestra cuota mensual.
Atentamente.

firma

Nombre...

Domicilio...

N.° afiliado...

243

Por irregularidades en el cobro de una pensión

lugar y fecha

....

....

Desde hace algunos meses he observado ciertas irregularidades en las cantidades mensuales de la pensión que percibo
desde la muerte de mi esposo. Además, creo que tengo derecho, desde enero último, a un aumento de... ptas.
En espera de que subsanarán el error y se me abonarán los
atrasos devengados, les saludo atentamente.

firma

Nombre...
Domicilio...

Para cobrar un seguro de vida

lugar y fecha

....

....

Hace veinticinco años suscribí un seguro de vida en su Compañía, el que, de no haber fallecido, cobraría a los sesenta
años. Dios ha querido que llegara a ellos y transcurrido ya un
mes desde aquella fecha sin haber recibido noticias suyas, les
escribo para que me indiquen cuándo y en qué forma se me
hará efectiva la cantidad que me corresponde.
Mis datos son los siguientes:

Nombre...
Apellidos...
Estado...
Lugar y fecha nacimiento...
Domicilio... calle... nº...
N.º de póliza...
Extendida en...
Con fecha...
Por la cantidad de ptas...
En espera de sus noticias, atentamente les saluda,

firma

*Una viuda que quiere cobrar un seguro extendido a su favor
por su esposo*

lugar y fecha

Entidad...
Domicilio...

El pasado... de... falleció mi querido esposo y, según póliza n.°..., de fecha..., extendida por su Compañía... soy beneficiaria de un seguro cuya cantidad asciende a... ptas.
Les agradecería me indicaran en qué forma y cuándo se me hará efectiva dicha cantidad.
Les adjunto partida de defunción de mi esposo.
En espera de sus noticias les saludo atentamente.

firma

Por incendio de una casa asegurada

lugar y fecha

Cía. de Seguros...

Hace años suscribí una póliza contra incendios, cuyo importe he venido satisfaciendo puntualmente.
Ayer por la tarde se prendió fuego en la parte trasera de mi casa, a consecuencia de un rayo caído durante la fuerte tormenta que azotó el pueblo. Rápidamente se extendió hacia el garaje, teniendo graves dificultades para sofocarlo, aun con la ayuda del vecindario.
Les ruego manden un perito para valorar los daños del siniestro y proceder a su rápida indemnización.
Atentamente,

firma

Nombre...

Domicilio...

Población...

N.° de póliza...

A la Cía. de Seguros, por accidente de coche

lugar y fecha

Cía. de Seguros...
....

Circulando esta mañana, día..., a las... horas, por la calle...,
conduciendo mi coche marca..., con matrícula..., asegurado
en su Compañía con póliza n.º..., he colisionado con un coche marca..., matrícula... conducido por su propietario D...,
en el cruce con...
Al poner el coche en marcha, cuando se encendió la luz verde,
y cruzar la calle, el menccionado coche, sin prestar atención
a su disco rojo, cruzó la calle... y colisionó con la parte delantera de mi utilitario, no siendo grave el accidente debido
a la poca velocidad que había tomado mi vehículo.
La colisión ha causado considerables desperfectos en el faro
derecho y en la carrocería y puerta derecha.
Espero tomen las medidas oportunas y manden un perito al
garaje..., de la calle..., donde lo he dejado para su reparación.
Atentamente les saluda,

firma

Cuando se tiene un accidente, hay que tomar nota de los
datos del conductor con el que colisionamos, de su domicilio,
número de póliza, Compañía Aseguradora, etc., para dar parte a nuestra compañía para que haga las reclamaciones pertinentes o cubra los daños causados en el otro vehículo, según quien fuere el culpable.

Parte a la compañía de seguros responsabilizándonos de una colisión

lugar y fecha

Cía. de Seguros...
....

Circulando esta mañana, día..., a las... horas, por la calle...,
conduciendo mi coche marca..., con matrícula..., asegurado a
todo riesgo en su Compañía, he colisionado con el vehículo
marca..., matrícula... perteneciente a D..., en el cruce con
la calle...

246

Me considero responsable del accidente sufrido, por no haber visto que el semáforo cambiaba a naranja y no detener mi coche. En consecuencia he colisionado con el vehículo que iba delante de mí y que se había detenido debidamente. No ha habido daños personales, pero los coches han sufrido graves desperfectos. El... de D... está completamente abollado en la parte trasera, con las luces de posición rotas y el parachoques en lamentable estado.

El mío ha sufrido desperfectos en la parte delantera y rotura del faro izquierdo.

Los dos se hallan en el garaje..., al que espero envíen rápidamente su perito, y procedan a su rápida reparación.

Atentamente,

firma

Envío de la factura de reparación al causante de los daños

lugar y fecha

Sr. D...
....

Le adjunto factura de la reparación de mi automóvil, a consecuencia de la colisión habida en la calle..., a la altura de..., el pasado día... de...

Ruego la transmita a su compañía aseguradora a fin de que sea resarcido del desembolso de dicha cantidad.

En espera de sus noticias, atentamente le saluda.

firma

Cuando se solicita de alguien que ha visto la colisión que actúe como testigo

lugar y fecha

Sr. D...
....

Distinguido señor:

Siento mucho tener que molestarle, pero me he tomado esta libertad ya que usted amablemente se ofreció a declarar en mi

favor, en el supuesto de que me fuera exigida alguna responsabilidad con respecto a la colisión de mi coche con el de
marca... y matrícula... perteneciente a D..., habida en la
calle... el pasado día...
Como sea que el citado señor niega rotundamente su culpabi-
lidad, el caso se ha llevado ante el Juez, por lo que le ruego
acuda como testigo de mi parte el próximo día... a las...
horas, en el Juzgado n.°...
Ruego disculpe las molestias y agradezco de antemano su
colaboración.
Atentamente le saluda,

firma

Suscripciones y afiliaciones

Por regla general, tanto las suscripciones como las afiliaciones se formalizan mediante la cumplimentación de los impresos pertinentes y la firma de los mismos.
Todas las revistas y periódicos acostumbran a llevar un boletín de suscripción adjunto, en el cual se indican el nombre, la dirección, la forma de pago escogida para el abono
de las cuotas, etc. En el caso de las afiliaciones, los organismos, entidades, clubs, etc., disponen también de impresos
para la formalización de las mismas.
De hallarse en distinta ciudad, o de no poder desplazarse a
las oficinas correspondientes, puede solicitarse la suscripción o la afiliación por carta, al recibo de la cual la oficina
receptora enviará los correspondientes impresos para ser
debidamente cumplimentados.
He aquí dos ejemplos de boletín de suscripción:

(Membrete de la casa, con nombre y dirección)

D. ....

Con domicilio en .... Tel. ....

Domicilio profesional .... Tel. ....

Profesión ....

Desea suscribirse al Semanario ···

trimestral

El abono de las cuotas lo hará semestral por medio de c/c. o

anualmente

Libreta de Ahorro n.º... del Bco. (o Cja.) ·····································
en su domicilio

firma

Lugar y fecha

La profesión y el domicilio profesional no figuran siempre.

Para suscribirse a una publicación

··· a ·········· de ······································· de 19·······

Deseo suscribirme a su revista... a partir del próximo n.º de...
— Domiciliaré los pagos en el Banco
— Envío el importe (cheque, transferencia, giro)
— Espero recibir reembolso
Nombre...
Profesión...
Domicilio...
Población... Dto. Postal...
Provincia...

Si se desea domiciliar los pagos se llenará la parte inferior
de la hoja que dirá así:

Banco o Caja de Ahorros...
Sucursal...
Población...
N.º de la cuenta...
Titular de la cuenta...

firma

Boletín de afiliación a un Club

D. ....

Domicilio .... Tel. ....

Domicilio profesional .... tel. ....

Profesión ....

Estado ....

Cónyuge ....

Hijos ....

Desea ser admitido como socio del Club..., comprometiéndose al cumplimiento de las normas que en él rigen.
El abono de las cuotas mensuales lo hará mediante su

c/c. n.º

L. Ahorros n.º

del Banco o Caja ....

Agencia ....

Población ....

firma

Lugar y fecha

Carta pidiendo el envío del boletín de suscripción

lugar y fecha

Publicaciones...
....

Consideramos muy interesante su publicación, tanto por los
temas que generalmente trata como por la manera de plan-
tearlos.
Desearíamos nos enviara un boletín de suscripción para cum-
plimentarlo debidamente y recibir en casa su semanario.
Atentamente les saluda,

firma

Nombre...
Domicilio...
Población...

250

Quejas y reclamaciones

A la Compañía Telefónica

lugar y fecha

Cía. Telefónica...
....
....

Desde hace algunas semanas nuestro teléfono sufre constantes averías, y, de funcionar, se oye defectuosamente a causa de múltiples interferencias.
Los arreglos efectuados por ustedes ante nuestras continuas quejas, son de escasa duración, ya que a los dos o tres días volvemos a encontrarnos como antes.
Rogamos hagan una inspección a fondo del tendido de nuestra zona, pues son varios los casos que se encuentran con lo mismos inconvenientes, muchos de los cuales, como los nuestros, son domicilios profesionales a los que estas deficiencias trastorna sensiblemente.
Esperamos den una rápida solución al asunto y les saludamos atentamente.

firma

A la Compañía de Agua

Cía. de Agua...
....
....

Desconocemos las causas, pero pagamos los efectos, de un mal e irregular servicio de agua en estas últimas semanas.
Sin recibir explicación alguna frecuentemente se corta en las horas puntas del día. Puede que la anomalía sea debida a las obras que se efectúan en la calle, frente el inmueble en el que vivimos, sito en..., n.º...
Rogamos se subsanen estas deficiencias lo antes posible, y de tener que cortarse el suministro en algún momento, seamos los vecinos debidamente informados, para poder organizar al efecto las tareas de limpieza.
En espera de ser atendidos, atentamente les saluda,

firma

Al presidente de la Comunidad de Propietarios por deficiencias en el inmueble

lugar y fecha

Sr. D...
....

En la última reunión de propietarios se acordó el inmediato arreglo de la escalera, muy peligrosa especialmente para los niños.
Han transcurrido ya varias semanas y ninguna obra ha comenzado. De sobrevenir algún accidente creo que recaerían sobre usted todas las responsabilidades por ser, durante este año, el responsable del bloque.
Espero ver pronto realizada la obra acordada por toda la comunidad de propietarios el pasado día..., tan necesaria para la seguridad colectiva.
Reciba un atento saludo.

firma

Reclamación a una casa de electrodomésticos

lugar y fecha

Eléctrica...
....

....

Hace unos meses compré en su tienda de la calle..., una lavadora automática, marca..., modelo...
A los pocos días sufrió una avería, la que ustedes arreglaron inmediatamente; otro desperfecto apareció al cabo de poco, que también fue reparado por sus técnicos. Pero no acabó aquí todo; no han pasado tres o cuatro semanas sin que haya surgido algún nuevo contratiempo.
Les agradeceremos pasen por nuestro domicilio y efectúen el cambio de dicho electrodoméstico por otro de la misma marca, pero sin defectos de fabricación, como el que ustedes nos sirvieron hace seis meses.
Creo que es de su incumbencia hacer las debidas reclamaciones a la fábrica. Nosotros se la compramos a ustedes, al contado, y tiene todavía medio año de garantía.

No queremos una nueva reparación, sino el cambio de la máquina por otra en óptimas condiciones, tal como lo requiere el prestigio de la marca y la seriedad de su tienda de electrodomésticos.
En espera de sus noticias, atentamente les saluda.

firma

Nombre...
Domicilio...
Ciudad...

Para recuperar objetos perdidos

Para recuperar un objeto perdido nos dirigiremos primero al lugar donde suponemos lo hemos olvidado.
En caso de haberlo dejado en un tren, taxi, aeropuerto, etc., deberá acudirse a las correspondientes oficinas de objetos perdidos, y de no encontrarse allí, a la oficina municipal que presta el servicio.

Para recuperar un objeto perdido en el tren

lugar y fecha

Estación de...

Ayer por la tarde viajé en el Talgo de Barcelona a Madrid, y olvidé un pequeño maletín de piel marrón en el portamaletas.
Viajaba en segunda clase, vagón n.°..., asiento... El maletín contenía ropa y un par de libros.
Ruego a ustedes, en caso de haberlo encontrado, se sirvan comunicarlo a:
Nombre...
Domicilio...
Localidad...
Teléfono...
Por cuyo favor les quedaré muy agradecido.
Atentamente les saluda,

firma

A la oficina municipal de objetos perdidos

lugar y fecha

Ayuntamiento de...

Objetos perdidos

El pasado sábado me hallaba en esa ciudad, y olvidé en un taxi una gabardina azul marino, de Confecciones Condal, con un sombrero plegable en el bolsillo.

Llamé a la Central del taxi y me dijeron haberla entregado a esa oficina municipal, por lo que les ruego me la reserven hasta el próximo día..., en que pasaré a recogerla en mi viaje de vuelta.

Gracias por su atención. Atentamente.

firma

Nombre...
Domicilio...
Localidad...

Del particular a la Administración

El particular se dirige a la Administración mediante instancias, declaraciones, denuncias, cartas, etc. Hablaremos de cada uno de ellos en particular, recomendando las normas oportunas.

Cartas

Los particulares podrán dirigirse a la Administración por medio de cartas, siempre que las normas de procedimiento no exijan que se adopte una forma especial.

Aunque la forma más habitual es la instancia, hay quien prefiere expresarse por medios más sencillos siempre que, como hemos dicho, las normas de procedimiento lo permitan.

Deberá procurarse que el contenido de las mismas sea breve y conciso, cuidando la claridad en la exposición, y la debida separación de párrafos.

En la parte superior llevará el membrete con el nombre, apellidos y dirección, impresos o escritos a máquina o a mano. En este último caso debe cuidarse la claridad de la letra. Se aconseja el uso de mayúsculas.

Pondremos algunos ejemplos de cartas a la Administración, repitiendo más adelante alguno de los temas en forma de instancia, por ser el método más frecuente.

Obsérvese que, en el cuerpo de la carta, se toma un aire más coloquial, si se conoce a la persona a quien se dirige; reservando las fómulas de tratamiento para la dirección, y en algún caso el encabezamiento.

Carta de agradecimiento a una autoridad

lugar y fecha

Membrete
Ref./
Ilmo. Sr. D...
Director General de Política Comercial
Ministerio de Comercio
M A D R I D

Distinguido señor:

Hace varios días que deseo escribirle para agradecerle no sólo la visita que realizó a nuestra factoría, sino también el interés que ha demostrado por su puesta en marcha, desde que tuvo conocimiento del proyecto.
Creo, sinceramente, que obtendremos inmejorables resultados, ya que son muchos los factores que se unen al propósito de que así sea. En primer lugar, la entidad promotora, que, con clara visión de las necesidades de la comarca en particular, y del país en general, puso todos sus esfuerzos para lograr una rápida puesta en marcha, luego el cuadro de técnicos, escogido con suma atención, y que une a su competencia un interés digno de encomio. Y, por último, los productores —tanto peones como especializados— que encuentran puestos de trabajo en su propia localidad.
Le agradezco, pues, en nombre de los directivos, y de toda la plantilla, su interés y ayuda, que han hecho posible la realización de una obra tan necesaria.
En espera de verle de nuevo entre nosotros, le saluda cordialmente,

firma y antefirma

Petición de colaboración

Membrete
Ministerio de Información y Turismo
Departamento de Promoción del Turismo
M A D R I D

Distinguidos señores:

Todos conocemos la gran labor que vienen desarrollando, desde hace varios años, de promoción turística de pueblos y lugares, con singular belleza o personalidad, que permanecían ignorados tanto en el extranjero como en nuestro propio país. Por este motivo les dirijo mi carta.
Existe un pequeño pueblo, en la provincia de..., llamado..., rodeado de un paisaje maravilloso, y con varias edificaciones de los siglos XVII y XVIII, desgraciadamente en muy mal estado de conservación. Incrementa el interés del lugar un buen número de familias dedicadas a la artesanía.
Desearía saber si —puesto que la tarea lo merece— podría contar con su ayuda y colaboración para iniciar el desarrollo turístico de la zona.
En espera de sus noticias, y con la seguridad de que tomarán el máximo interés en el asunto, reciban mi más atento saludo.

firma

Queja por ruidos

fecha

Ilmo. Sr. Alcalde de
....

Ilmo. Sr.:

Como presidente de la Comunidad de Propietarios del edificio sito en la calle Ancha, n.°... de esta Ciudad, me dirijo a usted para rogarle tome las disposiciones oportunas para solucionar el problema que nos afecta desde hace algunos meses.
A principios de verano se abrió un bar, en los bajos del edificio anexo a nuestra casa. Parece que el establecimiento ha

tenido mucho éxito entre chicos jóvenes, que lo han convertido en su punto de reunión hasta altas horas de la madrugada. Desde entonces no hay quien duerma en el vecindario, especialmente los ocupantes de los pisos más bajos.

Le ruego, pues, en nombre de toda la comunidad de propietarios, ordene sean tomadas las medidas necesarias para que la tranquilidad vuelva a reinar de noche en nuestra calle.

En espera de una pronta solución a nuestro problema, reciba un respetuoso saludo.

firma y antefirma

Reclamación por mal servicio de basuras

lugar y fecha

Ilmo. Sr. Alcalde de ....

Ilmo Sr.:

El problema de la recogida de basuras no se ha solucionado en nuestro barrio. Parece que en otras zonas se han tomado medidas más o menos efectivas, pero en nuestras calles todo sigue igual.

Por la falta de regularidad en las horas de recogida, las bolsas de basura permanecen dos o tres horas en la calle, precisamente aquellas en que los chicos van a la escuela.

No sólo es incómodo y poco atractivo, sino sumamente sucio. A menudo parte de su contenido se esparce por las aceras, a consecuencia del juego de los niños, o de los perros y gatos del lugar.

Esperamos todos mayor diligencia por parte de este servicio, que ya está agotando la paciencia del vecindario del barrio de... y le saludamos respetuosamente.

firma y antefirma

Instancias y solicitudes

La instancia es un escrito en el que se pide o solicita algo de la Administración, o de algún organismo o entidad.

Recibe distintos nombres, según a quien va dirigida:

Memorial, si es al Sumo Pontífice, a un Monarca, Jefe de Estado, etc.
Exposición, si se dirige a las Cortes...
Solicitud, a cualquiera de los órganos o cargos no citados.

Presentación:
Deberá escribirse en formato folio. Se aconseja, a ser posible, el empleo del UNE A4 (210 × 297 mm.).
El margen izquierdo será tanto más ancho cuanto mayor sea la importancia del órgano o autoridad a que se dirige. Oscilará entre casi un tercio del ancho del papel, hasta la mitad, si se trata de un Memorial. En la parte superior se dejará un espacio proporcional al del margen izquierdo. En cuanto al derecho, se observarán las mismas normas que en los demás escritos.
Hay que tener en cuenta que acostumbran a llevar pólizas en la parte superior.
Se dirigirá, normalmente, a los órganos o cargos competentes; no a los titulares de los mismos.
Los conceptos se expresarán con claridad y brevemente.
Deben escribirse a máquina, procurando separar debidamente los párrafos.
Si por fuerza mayor se escriben a mano, se cuidará la claridad de los nombres, apellidos y datos de interés, usando letra de imprenta.

Forma de la instancia
Se recomienda el siguiente orden en el redactado:
Irá encabezada con el tratamiento correspondiente a la autoridad a quien se dirige.
Datos personales del interesado (nombre, apellidos, domicilio, profesión, D.N.I., y los que en cada caso sea preciso hacer constar).
Datos personales del representado, si no se actúa personalmente.
Exposición de los hechos y razones, precedidos del término EXPONE, escrito con caracteres destacados, que sirve de base a la petición. Si son varios hay que ponerlos en párrafos independientes y numerados. Generalmente van precedidos de la partícula que.
Solicitud en la que se concrete, con toda claridad, el objeto de la petición. Se iniciará con la palabra SOLICITA, escrita también con caracteres destacados.

Relación de documentos que se acompañan, en caso de haberlos.

Fórmulas usuales de cortesía.

Lugar y fecha.

Firma.

Órgano al que se dirige (o Autoridad).

A menudo, la palabra SUPLICA sustituye a SOLICITA, pero creemos mucho más adecuado el empleo de esta última, ya que deben evitarse —en lo posible—, los términos que estén en desacuerdo con nuestro lenguaje habitual.

Las fórmulas de cortesía que se usan cuando la solicitud va dirigida a una autoridad pueden ser múltiples; pero, en la actualidad, han quedado prácticamente reducidas a las siguientes:

«Dios guarde a (tratamiento adecuado, al mismo que encabeza el escrito, y abreviado: V.I., V.E., etc.) muchos años.»

«Lo que espera obtener del recto proceder de... (tratamiento), cuya vida guarde Dios muchos años.»

«Es gracia (o favor) que no duda alcanzar de... (tratamiento), cuya vida guarde Dios muchos años.»

La fecha va precedida del nombre de la población desde donde se formula la solicitud.

El día y el año se escriben con números.

Es frecuente hacer constar, no sólo el nombre de la población desde donde se envía el escrito, sino también el de la población en que radique el Organismo a quien se dirige. Ejemplo: «De Barcelona para Madrid, a 25 de enero de 1987.»

Se dejará espacio suficiente para la firma. No lleva antefirma, ya que consta claramente al principio del documento.

Al pie de la hoja, dejando un margen a la izquierda de unos tres centímetros, se escribirá, en mayúsculas, la autoridad y órgano al que se dirige la solicitud, y el lugar en que radica.

Las instancias pueden redactarse en primera o tercera persona, usando, según los casos, los términos EXPONGO y SOLICITO, o bien EXPONE y SOLICITA.

Se acostumbran a escribir a un solo espacio, pero dejando dos entre los distintos párrafos.

Solicitud de permiso de derribo

Excmo. Sr.:

José Torroja Valdez, mayor de edad, casado, con domicilio en Barcelona, calle Mayor de Gracia, n.º 7, con D.N.I. número... a V.E.

E X P O N E: Que posee un inmueble, en estado ruinoso, sito en la calle de Dalt, n.º 9, usado hasta hace poco como almacén de pintura, pero que las pasadas lluvias torrenciales le han causado graves daños, dejándolo inhabitable.
Que, en el solar que ocupa, desea edificar una casa de cinco pisos de altura, por dos de planta, destinado a viviendas, según solicitud que presentará en su día.
Por todo lo cual, a V.E.

S O L I C I T A: Que, dada la peligrosidad que representa el estado actual del citado inmueble, se sirva dar el permiso oportuno para que pueda procederse de inmediato al derribo del mismo.

Dios guarde a V.E. muchos años.

Barcelona, 23 de octubre de 1986.

firma

EXCMO. SR. ALCALDE DEL AYUNTAMIENTO DE BARCELONA

Solicitud de licencia de obras menores

Ilmo. Sr.:

Ramón Maldonado Hernández, mayor de edad, casado, con domicilio en Alcalá de Henares, calle..., n.º..., con D.N.I. número...

E X P O N E: Que desea hacer algunas reformas en el inmueble en que habita, consistentes en la instalación de un nuevo baño, y habilitación de los bajos como garaje.
Por todo lo cual, a V.I.

S O L I C I T A: Que, tras los trámites oportunos, se sirva conceder la licencia de obras correspondiente, para iniciar dichos trabajos.

Dios guarde a V.I. muchos años.

Alcalá de Henares, 4 de .... de 198......

firma

ILMO. SR. ALCADE-PRESIDENTE DEL AYUNTAMIENTO DE ALCALÁ DE HENARES

Solicitud de licencia de obras mayores

Ilmo. Sr.

Carlos Muñoz Ochoa, mayor de edad, casado, domiciliado en Valladolid, calle José Antonio, n.º 27, provisto del D.N.I. número..., a V.I.

E X P O N E: Que pretende construir un edificio, en la calle Mayor, en el solar que corresponde a los números 9 y 11, destinado a viviendas, según plano que adjunto se acompaña, y bajo la dirección del Arquitecto D. Gonzalo Marín y del Aparejador D. Félix Lacuesta, y por el contratista D. Julio Morillo, provisto del carnet de empresa número... y alta licencia fiscal, a V.I.

S U P L I C A: Que, habiendo por presentado este escrito, junto con la documentación que se acompaña, lo admita; tenga a bien hechas las manifestaciones del mismo, y, a su tenor, le sea concedida la licencia de obras de construcción del edificio solicitado.

Dios guarde a V.I. muchos años.

Valladolid, a 5 de marzo de 1986.

firma

ILMO. SR. ALCALDE - PRESIDENTE DEL AYUNTAMIENTO DE VALLADOLID

Solicitud de empadronamiento, o de alta en el padrón de habitantes. (Debe acompañarse baja del lugar de procedencia y partidas de nacimiento.)

Excmo. Sr.:

D..., mayor de edad, casado, de profesión..., domiciliado en..., calle..., n.º..., provisto del D.N.I. n.º... a V.I.

E X P O N E: Que tanto el solicitante, como su esposa D.ª... (nombre y apellidos), y el hijo de ambos... (nombre) desean darse de altá en el Padrón de Habitantes de esta Ciudad, a V.E.

S U P L I C A: Que, habiendo presentado este escríto, junto con la documentación que se acompaña, lo admita, y a su tenor, les conceda al instante, a su esposa e hijo, el alta en el Padrón de Habitantes.

Dios guarde a V.E. muchos años.

firma

EXCMO. SR. ALCALDE - PRESIDENTE DEL AYUNTAMIENTO DE MADRID

A toda solicitud de Licencia de Obra Mayor debe adjuntarse la siguiente documentación:
Planos con Memoria, firmados por un Arquitecto y Aparejador.
Declaración Jurada del Arquitecto y Aparejador, en que acreditan hacerse cargo de la dirección de la obra.
Rellenar impresos de la Fiscalía de la Vivienda, con características de la obra, si se trata de Viviendas.
Cuando pasa de 10 viviendas, o de 4 plantas, petición de antena colectiva, con declaración ante la delegación del Ministerio de Información y Turismo.
En obras cercanas a la vía férrea y a la carretera nacional o provincial, se precisa autorización de la RENFE y del Ministerio de Obras Públicas, o de la Diputación Provincial.

Solicitud de Licencia de Apertura de Establecimiento

Ilmo. Sr.:

D..., mayor de edad, de profesión..., domiciliado en...
calle..., n.°..., provisto del D.N.I. n.°..., a V.I.

EXPONE: Que desea abrir un local destinado a
ejercicio de la industria (o comercio, o profesión)
de..., sujeta al epígrafe n.ª... de la Licencia Fisca
del Impuesto Industrial, en la calle..., n.°... a V.I.

SUPLICA: Que, habiendo por presentado este escrito, lo admita, y a su tenor, le conceda la Licencia
de Apertura de la Industria (o comercio, etc.) solicitada.

Dios guarde a V.I. muchos años.

.... a ...... de .... de 198......

(firma)

ILMO. SR. ALCALDE - PRESIDENTE DEL AYUNTAMIENTO DE...

Solicitud de subvención para Escuela

Ilmo. Sr.

Margarita Fuentes García, mayor de edad, casada, licenciada en Bellas Artes, con domicilio en Zaragoza, calle Núñez de Balboa, número 27, provista del D.N.I. n.°..., actuando como directora de la Escuela de Diseño de Moda, ubicada en el edificio Aragón, calle Canalejas, de Zaragoza, a V.I.

E X P O N E: 1.° Que conforme se detalla en la Memoria adjunta, el próximo mes de octubre, coincidiendo con la inauguración del año académico, abrirá sus aulas la antes indicada Escuela de Diseño de Moda. Apoyada por firmas y personalidades de gran prestigio en la vida textil aragonesa, la nueva Escuela no pretende sino coadyuvar a la promoción de la Moda Española, con las beneficiosas repercusiones que ello produce.
2.° Que carece, por el momento, de amplias disponibilidades económicas, por lo que requiere, para su puesta en marcha, subvenciones de todo tipo, especialmente las de origen estatal.
Por todo lo cual, a V.I.

S O L I C I T A: Que, tras los trámites oportunos, se sirva ordenar la concesión, a la Escuela de Diseño de Moda que dirige, de una subvención de **quinientas mil pesetas** (500.000,—), en atención a las necesidades de la misma, así como a los grandes beneficios que para la economía nacional y el país importa la existencia de la indicada Escuela.
Es favor que espera obtener de V.I., cuya vida guarde Dios muchos años.

En Zaragoza, para Madrid, a 3 de julio de 1986.

(firma)

ILMO. SR. PRESIDENTE DE LA COMISION INTERMINISTERIAL PARA LA PROMOCION DE LA MODA ESPAÑOLA. Ministerio de Comercio. MADRID

Derecho de petición

El Fuero de los Españoles, en su artículo 21, faculta a cualquier ciudadano para dirigir individualmente peticiones al Jefe del Estado, a las Cortes y a las Autoridades.

No se exige formato o modelo especial para ello. Se supone que es extensivo el formulario de las Instancias.

En cuanto a las peticiones a Autoridades, se rigen por el artículo 70 de la Ley de Procedimiento Administrativo, que consagra este derecho de todas las personas a dirigir instancias a los órganos de la Administración, en materia de su competencia.

En la esfera local, este derecho aparece reflejado en el artículo 372 de la Ley de Régimen Local. A su tenor, toda persona domiciliada en el término municipal, e interesada en un asunto, podrá dirigir peticiones a las autoridades y Corporaciones locales, en materia de su competencia.

En cualquier caso, dicha petición puede complementarse en solicitud de actos o decisiones de las autoridades o poderes públicos, en materias de su competencia, o en peticiones de mejoras de servicios y denuncia de irregularidades administrativas.

Derecho de petición al Presidente del Gobierno

(escrita por un pasivo con insuficiencia de recursos)

Excmo. Sr.:

D.ª..., mayor de edad, viuda de D..., con domicilio en..., calle..., n.º..., de... años de edad, a V.E.

E X P O N E: Que percibe una pensión de viudedad de la Seguridad Social de 10.000,— ptas. mensuales.
Que, viviendo, como vive, sola, y no pudiendo tener otro ingreso que el de referencia, y hallándose desamparada de sus familiares y amigos, y no admitiéndosela en ningún centro de caridad, ni de otra índole; y no pudiendo hacer frente a los gastos de supervivencia mínimos, dada la exigüidad de las 10.000,— ptas. mensuales y las necesidades que tiene, y el coste de las mismas,

A V.E. acude, como único recurso, y en su virtud S U P L I C A: Que, vista la instancia presentada, la atienda V.E., en atención a las circunstancias desesperadas en que se encuentra.

Es gracia que espera alcanzar de V.E., cuya vida guarde Dios muchos años.

De .... para Madrid, a ...... de .... de 19......

(firma)

EXCMO. SR. PRESIDENTE DEL GOBIERNO. MADRID

Reclamaciones

Son escritos interpuestos ante la Autoridad que dicta el acto reclamado. En general se refiere a actos de carácter provisional.

La interpone aquel a quien le afecte el acto dictado por la autoridad, o que tenga un interés legítimo en el mismo.

El formato más usual es el mismo de la instancia. Se hará constar, por tanto:

Datos personales.
Referencia al acto reclamado.
Motivos que se alegan.
Petición de revocación o modificación del acto reclamado.
Lugar y fecha.
Firma.
Autoridad ante la cual se presenta.

Reclamación por haber sido excluido en una oposición

Ilmo. Sr.:

D..., estado..., domiciliado en..., calle..., n.°..., provisto del D.N.I. n.°..., a V.I.

E X P O N E: Que habiéndose publicado en el B.O.E. de fecha... la lista provisional de admitidos y excluidos en la oposición convocada por esa Corporación, con fecha..., para Auxiliares del Grupo de Administración General, y apareciendo excluido de la misma, sin razón o fundamento que lo justifique, ya que considera que reúne y cumple con los requisitos formales exigidos, a V.I.

S O L I C I T A: Que habiendo por presentado este escrito, y a su tenor, rectificar la lista de admitidos y excluidos, incluyéndole de los primeros y excluyéndole de los segundos.

Dios guarde a V.I. muchos años.

.... (localidad), a...... de .... de 198......

firma

ILMO. SR. ALCALDE PRESIDENTE DEL AYUNTAMIENTO DE...

Declaración Jurada del Arbitrio de Plus Valía

D..., mayor de edad, con domicilio en..., calle..., n.°...; en nombre propio (o en representación de...)

DECLARA BAJO JURAMENTO, por duplicado, y con devolución de su copia, a efectos de liquidación, si procede, del Arbitrio de Plus Valía, y formula los siguientes datos:

a) Clase de finca transmitida:
b) Situación y linderos:
c) Superficie, en m²:
d) Participación de la misma que se transmite:
e) Naturaleza del derecho transmitido:

— Usufructo:
Duración (si es temporal):
Edad del usufructuario (si es vitalicio):
— Propiedad horizontal:
Superficie total terreno edificado:
Coeficiente de los elementos comunes:
— Herencia:
Relación del parentesco con el transmitente:
Tipo de impuesto de sucesiones:

f) Fecha de la transmisión anterior:
g) Fecha de la transmisión actual:
h) Transmisor (nombre y apellidos):
i) Notario autorizante:
j) Fecha de la escritura o documento acreditativo:
k) Inscripción en el Registro de la Propiedad:

Tomo... Libro... Sección... Folio... Finca... Inscripción... Anotación preventiva...

l) Observaciones...

.... (población), a ···· de ························ de 19····

(firma del declarante)

271

Reclamación sobre la aplicación de contribuciones especiales

Ilmo. Sr.:

D..., estado..., domiciliado en..., calle..., n.°..., con D.N.I. n.°... a V.I.

EXPONE: Que habiéndose expuesto al público, en el Boletín Oficial de la Provincia, n.°..., de fecha..., el expediente de aplicación de Contribuciones Especiales de la calle..., en la que figura el reclamante, con una cuota de... ptas.
Que, examinado el expediente, ha podido comprobar un error de hecho en la medición de la largura de la fachada de mi propiedad, ya que siendo ésta de... metros, se me ha equivocadamente puesto... metros.
Que suponiendo todo ello una modicación o alteración de la cuota asignada, a V.I.

SOLICITA: Que habiendo por presentado este escrito, se tenga por interpuesta reclamación contra la cuota asignada, se tengan por hechas las manifestaciones del cuerpo del mismo y, a su tenor, se subsane el error denunciado, y con él la cuota asignada.

Dios guarde a V.I. muchos años.

·········· (localidad), a ····· de ································ de 198······

firma

ILMO. SR. ALCALDE - PRESIDENTE DEL AYUNTAMIENTO DE...

Declaraciones

Las declaraciones son el medio normal para que el particular manifieste a la Administración la existencia de ciertos hechos. Podrán ser escritas o verbales. Aquí nos ocuparemos de las primeras.

Las declaraciones escritas deberán ajustarse a la siguiente forma:

Datos del declarante (nombre, apellidos, domicilio, profesión, D.N.I., etc.).

Fórmula del juramento si la declaración es jurada, o de la declaración.

Contenido de la declaración.

Lugar y fecha.

Firma.

Órgano al que se dirige.

Si se hace a petición de la Administración, se consignará la referencia del escrito que se cumplimenta.

Se recomienda realizarlas en formato folio UNE A4 (210 × 297 mm.).

Deberá dejarse un margen parecido al de las cartas.

La fórmula de la declaración podrá ser:

DECLARA BAJO SU RESPONSABILIDAD, y en relación con el expediente... (en caso de haberlo)
Si es jurada dirá:

DECLARA BAJO JURAMENTO, y en relación...

Declaración (simple) de baja de anuncios

D..., domiciliado en..., calle..., profesión..., teléfono..., con D.N.I. n.°..., expedido en..., con fecha...

DECLARA BAJO SU RESPONSABILIDAD, que ha retirado el anuncio luminoso, que figuraba en la entrada de su establecimiento, sito en la calle..., n.°..., con la leyenda de «... (texto del anuncio)», a efectos de que sea dado de baja del Padrón de la Tasa correspondiente.

... (población) fecha...

(firma)

ILMO. SR. ALCALDE PRESIDENTE DEL AYUNTAMIENTO DE...

Denuncias

1. Las denuncias deberán contener los siguientes extremos:

Datos personales del denunciante (nombre, apellido, domicilio, profesión, D.N.I., etc.).

Objeto de la denuncia: los hechos deben exponerse de forma clara y concisa.

Documentos que se acompañan (si los hay), relacionados y numerados.

Lugar y fecha.

Firma.

Órgano al que se dirige.

2. Se recomienda escribirlas en formato folio, y siempre que sea posible en el UNE A4 (210 × 297 mm.). Se dejará un margen a la izquierda como si se tratara de una carta.

274

Esquema :

D..., con domicilio en..., calle..., n.°... teléfono... profesión...
D.N.I...

DENUNCIA bajo su responsabilidad los hechos siguientes (se
exponen los hechos concreta, ordenada y brevemente):

Lugar y fecha

(firma)

Organo a quien se dirige

Denuncia por daños causados a bienes de dominio público

D..., con domicilio en... calle..., n.°..., tel..., de profesión..., provisto del D.N.I. n.°...

DENUNCIA bajo su responsabilidad los hechos siguientes:

Que el día..., a las... horas, un camión con matrícula..., colisionó de frente con la farola de alumbrado
público de este Ayuntamiento, sita en la calle... a la
altura del inmueble n.°..., produciendo considerables
desperfectos en la misma.

············ (población), a ····· de febrero de 198·····

(firma)

ILMO. SR. ALCALDE PRESIDENTE DEL AYUNTAMIENTO DE...

Cartas al director

Por cartas al director se entienden todas aquellas enviadas a una publicación, ya sea diaria, semanal, mensual, etc., dirigidas al «Director», no especialmente para que él las lea, sino con el fin de que sean publicadas en la sección que la mayor parte de los periódicos y revistas les dedican.

En algunas publicaciones se les llama de forma distinta, pero «Cartas al Director» ha quedado como nombre genérico.

Por medio de ellas el lector puede expresar una opinión respecto al periódico en sí, o sobre cualquier tema de interés público.

Esta sección viene a ser una especie de tribuna abierta, una oportunidad para todos aquellos que tienen algo interesante que decir, de poderlo exponer y de que sea leído.

Es un medio para protestar o alabar, atacar o defender determinados hechos, situaciones o actuaciones; o, simplemente, para denunciar su existencia.

Como es de suponer, no todas las cartas enviadas se publican. Deben tener un interés público, o para los lectores de la revista o periódico en el que pretenden ser publicados.

Aquel que escribe una carta al director debe:

— tener algo que decir,

— que este algo sea de interés para los demás,

— exponerlo con claridad.

Las cartas irán firmadas. No es elegante expresar una opinión y no hacerse responsable de la misma.

Pondremos algunos ejemplos de cartas sobre temas corrientes, con los que muchos puedan sentirse identificados.

276

Un grupo de padres de familia por la escasez de escuelas en su barrio

lugar y fecha

Sr. Director de...
....

Distinguido señor:

Desde hace cuatro años vivimos en unos grupos de viviendas, con capacidad para unas mil familias, construidas por... como viviendas económicas, con tres habitaciones cada una y 80 m².
Al iniciarse la urbanización y ponerse a la venta los futuros pisos, se presentó el proyecto de construir tiendas, supermercado, jardines o parques infantiles, iglesia y escuelas, tanto parvularios como dedicados a la Enseñanza General Básica.
Los pisos se terminaron, y los primeros inquilinos llevamos allí ya cuatro años. Pero de las escuelas nunca más se habló, ni siquiera existe, que sepamos, un edificio en construcción, o un solar donde esté dispuesta su ubicación.
La mayoría de las familias que habitamos los bloques tenemos hijos en edad escolar, que deben desplazarse a otro barrio para asistir a la escuela.
Ello resulta, además de incómodo, sumamente gravoso para nuestras economías, débiles ya de por sí, al tener que pagar los autobuses que recogen a los muchachos, o tener los padres que desplazarse para acompañarlos.
Desde aquí enviamos nuestra firme protesta a las autoridades competentes, y nuestra solicitud de que se solucione el problema lo antes posible; teniendo en cuenta, además, que una de las causas que nos movieron a habitar esta zona fue la promesa de puestos escolares en la misma.
Son mil doscientos niños, un número, señores, muy digno de tenerse en cuenta.

firma

En nombre de los padres de familia del barrio de...

Una ama de casa por la subida de los precios

Sr. Director de...
....

Distinguido señor:

Desde hace unos meses estoy verdaderamente aterrada por el alza que sufren, día a día, los precios de los productos alimenticios; lo que se ha dado en llamar «la cesta de la compra».
Supongo que a la mayoría de las amas de casa les ocurre algo parecido, incluyendo a aquellas que disfrutan de una buena posición económica y que, hasta ahora, no habían tenido necesidad de preocuparse para llegar a fin de mes.
Antes del pasado verano solía gastar, para los cuatro que somos de familia, un promedio de... ptas. mensuales. En los últimos meses se han convertido en casi un... por ciento más, y sin poder comprar la calidad a la que estábamos acostumbrados.
A ello podemos añadir la subida en los precios del vestir, también preocupante, pero algo menos, ya que en este terreno es más factible «apretarse el cinturón» que en el de la comida. Si se trabaja hay que alimentarse, especialmente los chicos en edad de crecimiento.
Me pregunto qué significará la frase «estabilización de precios». Aunque no soy muy ducha en términos económicos, creía comprender su sentido; ahora estoy perpleja porque no sé si es falta de cultura por mi parte, o ineficacia por parte de quienes deberían solucionarlo.
De seguir este crecimiento se creará un grave malestar familiar, que puede llegar a tener trascendencia social. No comprendo que no hallen medios para remediarlo.

Atentamente.

firma

Agradeciendo la construcción de un paso subterráneo

lugar y fecha

Sr. Director de...
....

Distinguido señor:

Me complace dar las gracias, en nombre de los habitantes de la calle..., por la construcción, por el Excmo. Ayuntamiento, de un paso subterráneo para cruzar la citada calle.
Desde hace unos años, a consecuencia del notable incremento del tráfico, se había hecho casi imposible pasar al otro lado sin notable peligro para los peatones. No existen semáforos, y el paso cebra que se señaló hace años no recibía el respeto de los conductores y, por lo tanto, no disminuyó el riesgo. Por milagro, al principio no eran frecuentes los accidentes, pero desde hace tres años han ocurrido cuatro accidentes mortales y varios de diversa gravedad.
Agradecemos, pues, la prontitud con que se ha resuelto nuestra petición de que fuera construido un paso subterráneo, que ha devuelto el bienestar y la tranquilidad a los habitantes de la calle...

firma

Felicitación a un periodista por una labor cultural realizada

lugar y fecha

Sr. Director de...
....

Distinguido señor:

Permítame desde aquí alabar la labor realizada por el conocido periodista..., en la columna semanal que aparece desde hace dos años en su periódico.
Creo que es digno de los mayores elogios al haber conseguido interesar al público por algo tan noble como es el teatro, y la literatura en general, especialmente en una ciudad de provincias como la nuestra.

Le felicito además por la llaneza con que expone los temas, comprensibles para todos, aun para aquellos que, como yo, no hemos tenido la suerte de cursar otros estudios que los de Enseñanza Primaria.

Mi sincero agradecimiento al Sr..., por la labor que lleva a cabo en beneficio de la cultura de nuestro pueblo.

Atentamente,

firma

Opinión sobre una película y la censura

Lugar y fecha

Sr. Director de...
....

Distinguido señor:

Desde hace unos meses oigo a la gente hablar con entusiasmo de la película..., dirigida por... y calificarla como uno de los mejores films del año, que todos deberían ver.

La única crítica negativa que he oído o leído sobre la misma, ha sido la publicada en su periódico el pasado día... Permítame que me una a su opinión.

La excesiva violencia que aparece constantemente en la película, no sólo es perjudicial para los jóvenes, sino también para los mayores. Creo sinceramente que las normas de censura deberían ser más estrictas en lo que a estos temas respecta; ya que precisamente la violencia es un mal demasiado frecuente en nuestros días, que preocupa a nuestra sociedad, y que debemos procurar erradicar y no proteger.

Atentamente,

firma

NOTA

Los capítulos sobre cartas a la Administración y Documentos de Régimen interno están basados en las normas dadas por la Secretaría General Técnica de la Presidencia del Gobierno, para la aplicación de la Ley de Procedimiento Administrativo.

Índice